ジュニアアスリートの栄養食事学

いますぐ使える

管理栄養士 川端理香

はじめに

プロチームと最初に正式契約したのは1999年のこと。あるJリーグのチームでした。それから約20年がたち、スポーツ栄養学の理論だけでなく、それをとり入れるアスリートたちの意識も変わり、特にここ数年間はめざましいものがあるように思います。

そのおかげなのか、プロになりたいとトレーニングにはげむジュニアアスリートや、それを支える人たちの食に対しての意識の高さも感じます。同時に、プロと同じように、たとえば体を大きくしたい、プロが食べているものを食べる…という、見えることを真似することが強くなることにつながると信じ、そもそもの基本的な食べ方ができていないことに気づいていないジュニアアスリートも意外に多いことも感じるようになりました。年代ごとに成長に合わせたトレーニングがあるように、食事もジュニアアスリートだから意識したいことがあるのです。

そして、この年代にもっとも大事にしたいことは、「食に対してなぜ」と思うことのような気がします。知識、意識、行動、習慣というサイクルが何度も何度も流れることで得られる成長は、単に答えをもらうだけでは得られないものだからです。夢中になると忘れてしまう、見えなくなってしまうこと。本書がみなさんにとって、何か気づきにつながってくれたらうれしく思います。

川端理香

もくじ

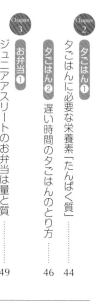

Part 3

勝ちごはん流
時短！お惣菜アレンジ術

本書の使い方&注意点

- Part1の各項目のキーワードは、本文を読む前に頭に入れておくと、より本文がわかりやすくなる単語です。
- 本書のレシピは、基本的には「主食・主菜は2人分」「スープ・ドリンクは1人分」「1回でつくりすい分量」のレシピとなっています。運動量などによって量を調整する必要があります。
- 本書のレシピの「小1」「大2」などは、「小1＝小さじ1」「大2＝大さじ2」などとなります。
- 計量カップは、1カップが200ミリリットル、計量スプーンは、大さじ1が15ミリリットル、小さじ1が5ミリリットルです。
- 電子レンジやオーブントースターを使う場合、機種によって加熱時間が異なるので、様子を見ながら加熱してください。
- 材料に出てくる「しょう油」は濃口しょう油、「砂糖」は上白糖、「油」はオリーブオイルを使用しています。

Prologue

ジュニアアスリートの栄養食事学の基本

ジュニアアスリートの栄養と食事について、まずおさえておきたい基礎知識を解説します

Chapter 1

栄養食事学の基本❶

ジュニアアスリートの課題

＊ジュニアアスリートによく質問されること

ジュニアアスリートの栄養セミナーでは、多くが興味を持つことをテーマに依頼されたり、もしくはそのセミナー時によく質問されることがあります。それは次のようなことです。

❶身長を大きくするには何を食べるか？
❷食べても体が大きくならない
❸好き嫌いが多い
❹なかなか量が食べられない
❺夕食を食べる時間が遅くなってしまう
❻体重を落とすようにコーチからいわれるが、なかなか落ちない
❼安くて簡単に栄養がとれるメニューを教えて
❽これさえ食べておけばいい！という食品は？

すぐに解決できるような回答を求められるのですが、私が答える際に大事にしていることは、「なぜ」ということです。

たとえば「食べても体が大きくならない」という質問の場合。

体をつくることに関わる栄養素をいくつかあげることはできますし、そのための食品、吸収のよい組み合わせから理想的な食事を提案することはできます。でも、そもそも「なぜ体が大きくならないのか」。その理由はアスリートそれぞれです。だから「体を大きくするには、○○」という結論ではなく、なぜ大きくならないのかを説明するようにもしています。そうすれば、大きくならない理由が食事量なのか、それともタイミング、食品の組み合わせ、休息が足りないなどと理由がわかるのです。

　また、この**理由を説明することで、ジュニアアスリートの行動や、その継続につながる**こともあります。

「お菓子を毎日食べている」「練習後に冷たくて甘いジュースがやめられない」というようなことがあった場合、いくらコーチや保護者がそれらを禁止しても、やめられないジュニアアスリートもいます。

　でも、「なぜ、それらがダメなのか」「なぜ、それらを禁止にしたのか」という理由、たとえば競技力をアップさせるため、といった理由をきちんとジュニアアスリートに伝えることで、ジュニアアスリートの行動が変わった、ということは数多くあります。

＊スポーツ栄養学の知識を増やす

　さらに、食事を意識していてもなかなか結果につながらない、と思うこともあるかもしれません。

　スポーツ栄養学は日々進歩しており、これまで効果があるといわれていたことが、もっとこうすれば効果があるなど、新たな見解もあります。

　実際にとり入れている食事法がどうなのかを本書で確認しながら知識を増やし、ジュニアアスリートに合った食事を見つけましょう。

Chapter 2

栄養食事学の基本❷

ジュニアアスリートの体と食事

＊大人より多い体の水分

アスリートが食事で体を強化するというと、筋肉や血液、骨、体脂肪などの組織をあげます。でも、**体の中でもっとも多く含まれているのは水分**です。その割合は、大人は体重の**重量比の約60％程度**。ジュニアアスリートの場合は、約70％ほどにもなります。これはたとえば体重40キロだと、なんと28キロは水ということです。さらにこの水分を、筋肉や血液などの組織に含まれる量で比較すると、**筋肉は約80％、血《けっ》漿《しょう》は約90％も水分になる**のです。

また、ジュニアアスリートは新陳代謝もさかんなので、体温も少し高めです。年齢が低いほど、発汗機能が未発達なので体温の変動が大きいのも特徴です。そのため、1日に摂取する体重あたりの水分量は、大人の1・5倍にもなりますが、腎臓で尿を濃縮する能力が発達段階だったり、のどの乾きを訴えるのが遅いため、飲む量やタイミングなどの声かけも大切です。

＊成長分の栄養素をとる

水についで体に多く含まれるのが、たんぱく質です。たんぱく質は筋肉や血液、骨など、体をつくる成分ですが、これらは毎日つくりかえられる分と、運動する分、そしてジュニアアスリートは成長分も必要です。特にこの成長のためには、ほかの栄養素も必要になり、一度にとるより、補食をうまくとることが大事です。

また、食事を工夫すれば、サプリメントを使わなくても十分食事で摂取できます。噛むことでパワーの発揮能力に違いが出ますが、ジュニアアスリートは自分で噛んで消化し、吸収するという食べる能力もきたえましょう。

水やたんぱく質以外にも、ジュニアアスリートは鉄やカルシウムなどのミネラルはもちろんのこと、これらを体の特徴をつかみながら、体に栄養素を効率よくとり込むことができるかを、食事では意識したいものです。

＊ジュニア期の食事が基礎となる

さらにジュニアアスリートの食事のとり方は、成長してからもそれが食事の基礎となります。

たとえば、練習後にすぐに補給する、食事では必ず肉か魚をとる…というようなアスリートにとって理想的な行動の習慣だけでなく、野菜嫌い、暑くなると食べられなくなるといった食傾向なども、ジュニア期からの食事が大きく影響しています。

習慣はなかなか変えられないといいます。でも、変わらないからと何もしなければそのままです。これは日々の練習と同じで、できないからこそ練習したり、きついけれども強くなるために取り組むのです。

ジュニアアスリートは食事で心も含めた強い体を目指しましょう。

Chapter 3

栄養食事学の基本❸

ジュニアアスリートの競技や性差

＊競技と体型・能力

競技性という言葉があるように、その競技を行うために適した体というものがあります。わかりやすいものでは身長があるでしょう。たとえばバスケットボールやバレーボールのように、明らかに身長の高い方が有利な競技や、体操やマラソンのように小柄なアスリートが多い競技など、特性があります（P14図1）。

このように、**競技によって体脂肪などの身体組成の特徴はある**のです。さらに、**競技にはポジションがあり、それによって身体組成の違いだけでなく求められる能力があります。**

たとえばサッカーの場合、ゴールキーパーとフィールドに分けることができ、ゴールキーパーは身長だけでなく、手足が長い方が有利なことはわかると思います。でも、俊敏な動きや判断力や技術などでも、アスリートの能力は決まるのです。

＊身長が伸びるしくみ

ジュニアアスリートの場合は、成長しながら**競技に適した体をつくるための「時期」**です。たとえば、身長は遺伝的な要素も強いといわれますが、それは約25%にすぎないというデータもあり、それよりも生活環境が影響しているともいわれます。

身長は骨の両端にある骨端線が伸びて大きくなります。この成長にかかわるのが、成長ホルモンです。成長ホルモンが肝臓に働きかけてIGF-Iをつくり、食事からの栄養素によって骨がつくられていくのです。もちろん、これには運動による刺激や睡眠なども影響しますが、何を食べればよいかが身長を伸ばすためには重要なことはわかるかと思います。

また、ジュニアアスリートは、練習のしすぎによる疲労やオスグッド（成長痛）などが問題になることもあります。プロアスリートと話をすると、「練習が好きだった」「ボールが見えなくなるまで毎日練習していた」など、とにかく練習が好きだったという声をよく聞きます。**ジュニアアスリートは、練習による体への負担をいかに食事で軽減し、ケガなどを予防できるか**ということも、食事で求められることです。

＊女性ジュニアアスリートの三主徴

さらに女性ジュニアアスリートには、**性ホルモンの影響も配慮した食事が必要**です。ある程度の体脂肪量は必要ですが、極端な体重制限などによって無月経や摂食障《せっしょくしょう》害《がい》、骨粗しょう症になることがあります。この3症状は「女性の三主徴」といわれ、国際オリンピック委員会などが声明を出すなど、問題となっています。

無月経は3か月以上の月経停止とされていますが、これは摂取エネルギーの不足や、激しいトレーニング、ストレスなどが影響しています。

また摂食障害は、9割は女子選手ですが、男子選手でも起こることがあります。早期発見と早期治療が求められる障害ですが、拒食と過食は繰り返すことも特徴です。食べて吐くことで水分などが失われ、虫歯にもなりやすいことが指摘されています。これは専門家に

◀次ページにつづく

相談する必要がありますが、そうならないように女性ジュニアアスリートには、特に食事の知識を増やして、「食べる＝太る」という考えを持たせないようにしたいものです。

骨粗しょう症については、カルシウムやマグネシウムなどのミネラルだけでなく、ビタミンDの摂取も必要です。日本女性は、ビタミンDが不足しているというデータもあり、女性アスリートは鉄だけでなく、意識したい栄養素があるのです。

図1 欧米人のデータによるスポーツ選手の身長と非選手の身長の比較

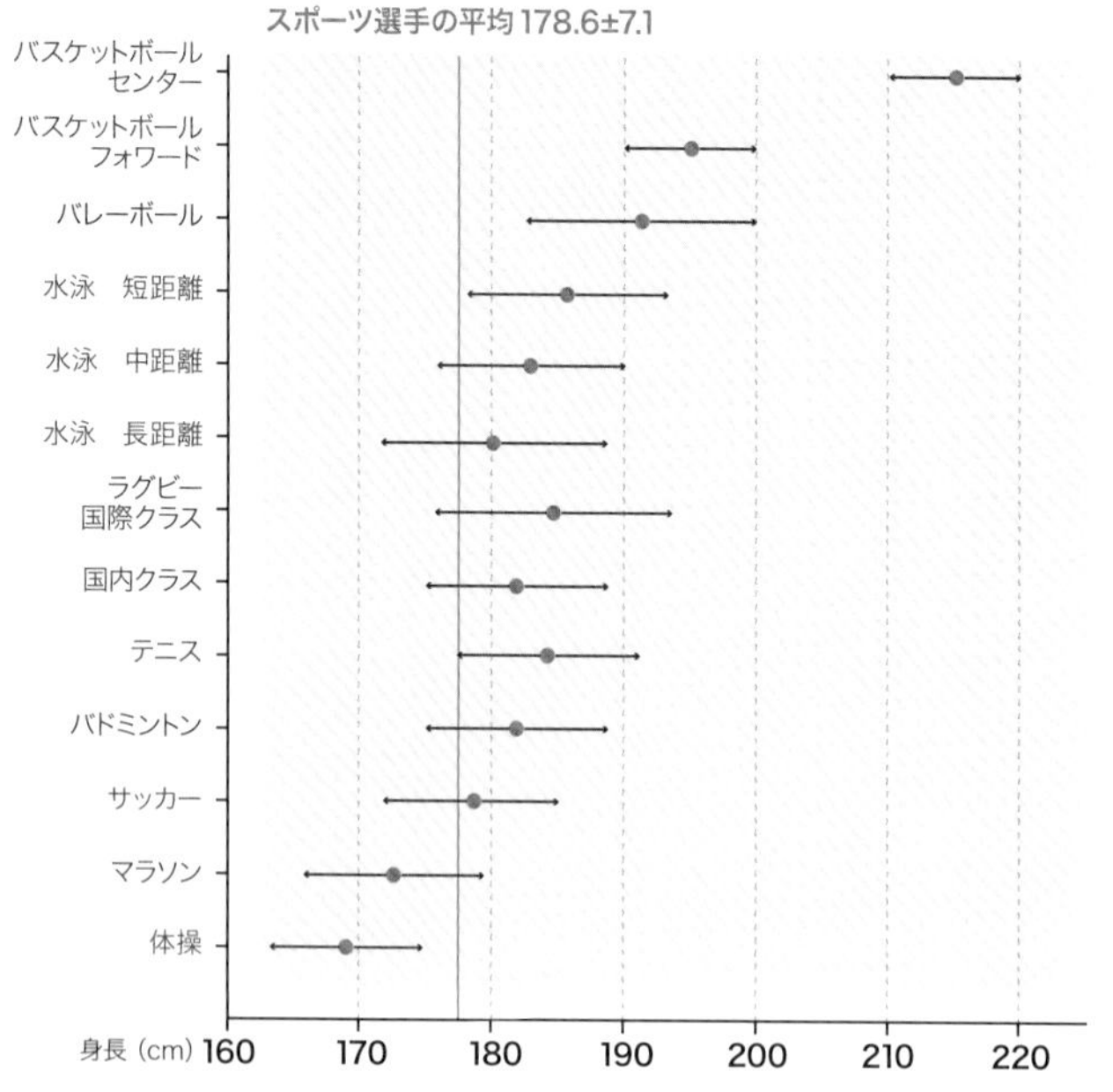
スポーツ選手の平均 178.6±7.1
バスケットボール センター
バスケットボール フォワード
バレーボール
水泳　短距離
水泳　中距離
水泳　長距離
ラグビー 国際クラス
国内クラス
テニス
バドミントン
サッカー
マラソン
体操
身長（cm）
160
170
180
190
200
210
220

※引用元：Norton K: Anthropometric estimation of body fat. In:Norton K and Olds T (eds) Anthropometrica.University of New South Ales Press Ltd:Australia,pp.172-198.2004／著者改変

column

美を追求するスポーツは特に注意

減量の際に注意したいこと、それは摂食障害です。階級のある競技の場合、その階級に合わせて減量もしくは増量は必須です。こうした場合、体重○kgというのが明確なため目標設定がしやすいというメリットがあります。

難しいのが、新体操や体操、バレエなどの美を追求するスポーツ。「○kgにする」という目標体重が曖昧なことが多いです。そのため、もう減量する必要がないように思われる選手も「どうしたら減量できますか？」と聞いてきます。もう少しやせたい、体重を落としたい、そういう気持ちに歯止めがきかなくなると、いつの間にか拒食や過食になってしまっていることがあるのです。

体重や体脂肪を測定して、理想的な目標体重を明確にすることも予防の１つですが、女性ジュニアアスリートの三主徴を理解して、本書で栄養の知識を増やし、「体重を落とすには食べない」ではなく、食事の選択肢を広げて、食べても理想体重がキープできるアスリートになりましょう。

競技に合った適正体重を
知ることも大切だよ

Chapter 4

栄養食事学の基本④

ジュニアアスリートの食事～「期」で考える～

＊食事はピリオダイゼーションで考える

試合をピークの状態でのぞむために、1年間をいくつかに期分けすることを「ピリオダイゼーション」といいます。**アスリートの食事では大きく、体を強化する「練習期」、ベストなコンディションをつくる「試合期」、そして「オフ期」に分けます。**ジュニアアスリートの食事は競技だけでなく、特にこの「練習期」のとらえ方がポイントです。

●練習期の食事

練習期は、試合にのぞむための体づくりを基本に、技術や戦術などのトレーニングも行います。練習の内容や量などの強度が高く、ジュニアアスリートに多い疲労骨折や貧血を予防したり、いかに疲労から回復するかという食事の内容や量、タイミングが大事です。

●試合期の食事

練習期から試合に移行する期間は、競技によってどのくらいとるのか異なりますが、今回は試合数日前から当日までを試合期ととらえます。試合日が近づくにつれて練習量は少なくなるため、摂取エネルギーは少なくなるものの、試合でコンディションをピークの状態に持っていけるように食事を調整します。

●オフ期の食事

練習を行わない長期のオフや、

試合後のオフもここではオフ期とします。まったく体を動かさない場合と、低強度のトレーニングなどを行うことによって、ケガや疲労の回復を促したりします。オフ期に体重が増減しやすいアスリートが多いので、ジュニアは今のうちにオフ期の食事のとり方を覚えて習慣化しましょう。

＊どのくらい食べるか

厚生労働省が出した運動する場合の1日の必要なエネルギー量です（P18表1）。ただこれは、練習内容や時間、競技などを考慮していないので、あくまでも目安としてください。

また、本書では、食事やレシピを1食分などつくりやすい量で紹介していますが、これまでの食事内容と比較して、量は調整してください。何をとりたいのか、減らしたいのかなどを優先して説明しています。

＊バランスよく食べなくてよい

ジュニアアスリートの食事は「バランスよく食べる」とよくいわれ、「主食・主菜・副菜・汁物・果物・乳製品」という6種をそろえることがすすめられています。でも、6種をとらなくとも多くの栄養素はとれますし、期や競技によっては3種で十分なこともあります。

たとえば試合直前は、消化を考慮して副菜に含まれる野菜や海藻などは避け、乳製品は種類によってとる、とらないということも出てきます。練習期で減量をする場合は、主食の種類や量を調整し、野菜はトマトとブロッコリーだけをとるようにすすめることもあります。期やコンディションを考慮することが大事なのです。

また、ジュニアアスリートによくありがちなのは、主食の量だけを増やすこと。そうではなく、まずは主菜（たんぱく質）、それに伴って副菜（食物繊維）を増やす必要もあります。

 ◀次ページにつづく

表1　男女、年齢別のエネルギー必要量(kcal/日)

●年齢	●男の子	●女の子
6～7歳	1,750	1,650
8～9歳	2,100	1,900
10～11歳	2,500	2,350
12～14歳	2,900	2,700
15～17歳	3,150	2,550
18～29歳	3,050	2,300

※日本人の食事摂取基準(2020年版)。著者改変

ジュニアアスリートに増やしたいもの

運動をしない場合の食事

＋

プラスしたい食品

＝

ジュニアアスリートの食事

何を増やすか? ▶▶

体をつくる材料を増やす

肉、魚、卵、乳製品、豆

腸内環境をよくするものを増やす

野菜

Chapter 5

栄養食事学の基本⑤

ジュニアアスリートの食事「3食と補食」をとる

＊いつ何を食べるか？

朝食、昼食、夕食という3食と、ジュニアアスリートは必ず補食をとりましょう。補食は1回とは限りません。コンディションや状況で、2回以上必要になることもあります。

●朝ごはん

ジュニアアスリートの場合は、特に朝食をとるタイミングを意識してください。**毎日決まった時間に食べることで体内時計をリセットする**ことができます。それにより、睡眠をしっかりととることにもつながり、成長や体づくりなどに効果を発揮するのです。

▼Part 1「Chapter1 朝ごはん❶ 朝ごはんを食べた方がいい理由」（P30）へ

●昼ごはん

昼ごはんについては、給食を食べているからといって、満足しないようにしましょう。給食は運動する、しないに関わらず、生徒は基本的に同じ量です（おかわりをしていたりしているかもしれませんが）。練習がいくらきつくても、その分の量は考慮されていないのです。

ですから、昼食が給食のジュニアアスリートの場合は、朝食や夕食の量を多くしたり、補食で必要な栄養素をとる必要があります。

昼食がお弁当の場合は、**お弁当の大きさを確認**してください（図

1参照）。お弁当の容器に○ミリリットルなど、容量が書かれています。この**○ミリリットルは、だいたいのエネルギー量**と理解してください。

　また、ジュニアアスリートのお弁当は、主食とおかずを分けてあるものがおすすめです。

▽Part1「Chapter3 お弁当❶ ジュニアアスリートのお弁当は量と質」（P49）へ

●夕ごはん

　夕ごはんについては、ジュニアアスリートの場合は遅い夕食になってしまうことがよく悩みとして相談されます。その場合は、練習前後の補食を多くしたり、回数を増やします。もしくは朝ごはんや昼ごはんの量を増やして、夕ごはんの量を調整し、睡眠をさまたげないような工夫をします。

　遅い夕食でさらに必要な栄養素をとらなければと、しっかり食べようとすると、消化に時間がかかってしまい睡眠がさまたげられ、翌日の朝ごはんが思うように食べられないなどの悪循環におちいることもあります。

　これまで遅い夕ごはんが習慣になっていたジュニアアスリートは、**朝ごはんや昼ごはん、補食にボリュームをおく**ようにして、あらためて夕ごはんのとり方を調整して

みましょう。

▼Part1「Chapter 2 夕ごはん❷ 遅い時間の夕ごはんのとり方」（P46）へ

● 補食

そして、補食についてです。補食は、3食でとりきれない栄養素を補うものです。

また、練習後に栄養補給をすることを「ゴールデンタイム」といって体づくりには必要だといわれてきましたが、この**ゴールデンタイムは練習後30分以内というわけではありません。体をつくる効果は、練習後24時間つづく**ことがわかっています。

ですから、練習後の補食はもちろんのこと、その後の食事でも体づくりを意識してとることを考えると、朝ごはん、昼ごはん、夕ごはん、補食は、すべて体づくりの「ゴールデンタイム」ということになります。

▼Part1「Chapter 4 補食❷ 補食に最適な「アスリートボール」（P62）へ

図1 お弁当の大きさとエネルギーの関係

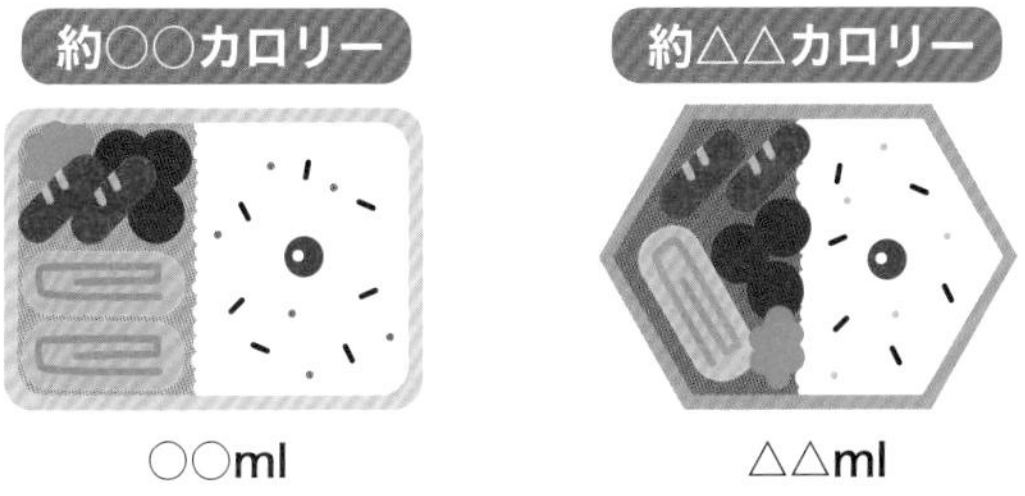

中身にもよるが、お弁当の大きさとエネルギー量の数値は、ほぼ同じと考える。

Chapter 6

栄養食事学の基本⑥

ジュニアアスリートの水分摂取

＊体内の水分の働き

体内の水分は、**栄養素や老廃物を運ぶ働き**があります。また、汗をかくことで、体温を下げるなどして体温調整にも働きます。ジュニアアスリートの場合、夏場、特に問題となるのがこの体温調整にかかわる水分の摂取です。

運動中はのどが渇いてから飲むのではなく、気温や湿度にもよりますが、20〜30分おきなどのように時間を決めて、こまめに水分を摂取することが大切です。これはわかっていても練習に夢中になり、忘れることがあります。そのため、運動前にも250〜500ミリリットルの水分をとっておくようにします。

また、氷を入れた冷たいものを好むアスリートもいますが、体内で吸収されやすい温度は5〜15℃程度です。これは少しぬるいと感じる温度です。上手な水分補給の方法は図1の通りです。

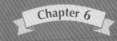

＊スポーツドリンクと経口補水液

発汗量が多い時には、スポーツドリンクや経口補水液をとるようにします。そうしないで、水だけで水分を補給すると、体液が薄まり、水中毒が起こり、ひどいと死に至ることがあります。それを防ぐためにも、**発汗量が多い時には、ナトリウムをはじめとしたミネラルを含むスポーツドリンクや、経口補水液をとる**ようにしましょう。

図1 上手な水分補給の8か条

❶ 運動を行う30分以上前に、250～500ml程度の水分をとる
❷ 運動中は20～30分程度おきを目安に、こまめに水分補給する
❸ 運動中に補給する水分の温度は5～15℃が吸収されやすい
❹ 発汗量が多い時は、スポーツドリンクや経口補水液を使用して水中毒を予防する
❺ 発汗量が少ない時は、ミネラルウォーターや麦茶で水分補給をする
❻ 運動後はすぐに250～500ml程度の水分をとる
❼ 食事の際にみそ汁やスープなど汁物を必ずとる
❽ 発汗量が多い時は、梅干しやキムチなどをとったり、食事に塩やしょう油などを多く使う

なお、スポーツドリンクと経口補水液の違いは、成分です。どちらも糖質とナトリウムやカリウムなどのミネラルなどを含みますが、**スポーツドリンクは糖質量が多く、経口補水液はミネラルが多いことが特徴**です。

また、スポーツドリンクは浸透圧によって3つに分けることができます。これは自分の体液と比較するとわかりやすいのですが、自分の体液よりも薄いものを「ハイポトニック」、同等のものを「アイソトニック」、濃いものを「ハイパートニック」といいます。これらの中で、**運動中に体内に吸収されやすいのは「ハイポトニック」、つ**

◀次ページにつづく

まり体液よりも薄いスポーツドリンクなのです。

よくスポーツドリンクは薄めた方がよいのかと聞かれますが、薄めるのは「ハイパートニック」や「アイソトニック」。「ハイポトニック」は逆に薄めてしまうと、吸収力が落ちるので、注意してください。

＊スポーツドリンクは体重増の盲点

それからジュニアアスリートで問題になっていることに、**スポーツドリンクによる肥満**があります。それほど汗をかかなくても、運動したらスポーツドリンクを飲んだり、もしくは飲む量を決めずに、熱中症が心配だからと好きなだけ飲ませている家庭もあるようですが、それをいいことに飲みすぎてしまい、体脂肪が増える原因になっていることがあります。

発汗量が少ない場合は、スポーツドリンクを使わないことはもちろん、ある程度の発汗量であれば食事で水分やミネラルの多いものをとる、経口補水液を使う、「アイソトニック」は薄めて使うなどの調整をするようにしましょう。

スポーツドリンクの飲みすぎ
には気をつけないと…
スポーツドリンク

Chapter 7

栄養食事学の基本⑦

これだけは知っておきたい栄養素

ジュニアアスリートの食事で、おさえておきたい栄養素を整理しましょう。

これまで「油＝悪者」のようにいわれてきましたが、オメガ3がここ数年、メディアでもとりあげられ、よくとるようにすすめられるなど、脂質でも選び方で、健康やアスリートの場合はパフォーマンスアップにつながることが証明されています。

ここでは、最新のスポーツ栄養学の見解を含めて、栄養素について整理しましょう。

◎糖質

多く含むおもな食品

米、パスタ、うどん、パンなどの主食、果物、イモ類、砂糖、はちみつなど

働き

おもにエネルギーとなる。

ポイント

❶練習量が長く、エネルギーを多く必要とする場合は、多く必要となる

❷試合時間が90分以上の競技や、連戦などの場合は、糖質を多くとる「グリコーゲンローディング」という食事法をとり入れる

❸糖質を多くとる時は、ビタミンB1の摂取量も増やす

❹夏バテしやすいジュニアアスリートは、意識してとり入れる

❺糖質にはブドウ糖や果糖など種類があり、それによって血糖値にすぐに影響するものとそうでないものがある

◀次ページにつづく

◎たんぱく質（アミノ酸）

多く含むおもな食品 肉・魚介類・卵・乳製品・大豆製品

働き 筋肉や骨、血液、皮膚など、人間の体をつくる基本的な成分。酵素や抗体、ホルモンなどの成分にもなる。運動量が多い場合や成長期などには、多く必要になる。不足すると体が大きくならないだけでなく、肉離れや貧血、骨折などを引き起こしたり、免疫の低下をまねく。

ポイント

❶ 1種類のものだけではなく、複数のものをとる
❷ 同じケガを繰り返す場合は、たんぱく質が不足していないか意識をする
❸ たんぱく質を多くとる時は、ビタミンB6の摂取量も増やす
❹ サプリメントのプロテインをとるよりも、特にジュニアアスリートは食事からたんぱく質をとることを意識する
❺ とりすぎたたんぱく質は、酸化されて消失するか、もしくは脂肪やグリコーゲンとなって蓄えられる。また、カルシウムの吸収が落ちるので注意する
❻ 練習量が多くなると、嫌煙されて不足しやすいので注意する
❼ 食事からとらなければならない必須アミノ酸を意識して、食品を組み合わせる

◎脂質（飽和脂肪酸と不飽和脂肪酸）

多く含むおもな食品 バター、植物油、肉や魚の脂質、マヨネーズなど

働き 1グラムあたり9キロカロリーと、ほかの栄養素の2倍のエネルギーとなる。脂質を構成する脂肪酸の種類によって働きが異なるが、魚などに含まれるEPAやDHAなどは神経の発達に必要で、血液や血管の健康維持のためには有効。抗炎症作用もある。また、基本的に消化に時間がかかるが、中鎖脂肪酸は吸収されるとすぐに肝臓で代謝され、エネルギーになりやすい。

ポイント

❶ 脂質を構成する脂肪酸の種類によって、飽和脂肪酸と不飽和脂肪酸に分けられる。ジュニアアスリートは、不飽和脂肪酸が不足しないように意識して食べる
❷ 脂質はすべて悪いものではなく、摂取することでパフォーマンスをアップさせるものもある
❸ 脂質はすべて吸収が遅いわけではなく、中鎖脂肪酸はすぐにエネルギーとなり、ケトン体をつくるのを助ける働きもある
❹ 食事で摂取しなければならない必須脂肪酸がある

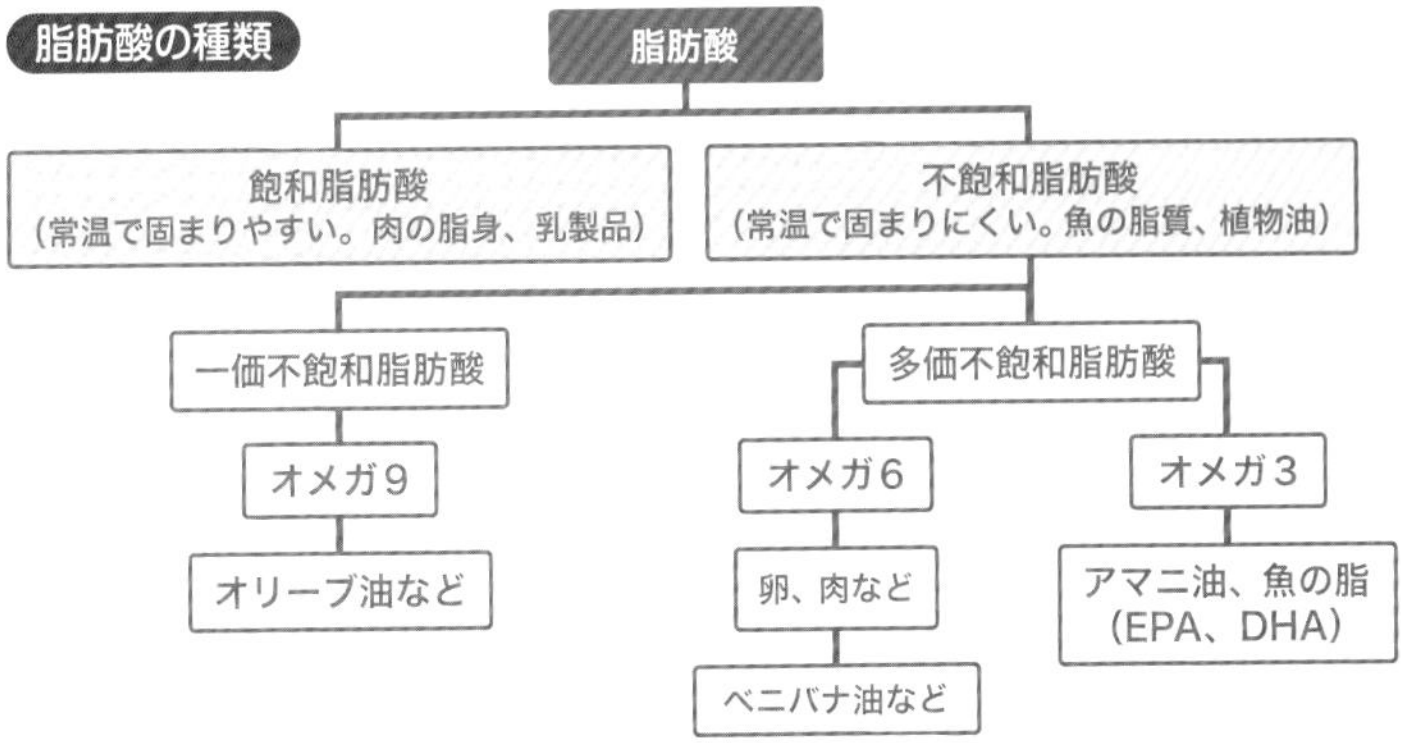

◎おもなビタミン

水に溶けやすい水溶性ビタミンと、油に溶けやすい脂溶性ビタミンがある。水溶性ビタミンはおもに補酵素として、脂溶性ビタミンはホルモン様の働きを持つ。

ビタミンのおもな種類とそれを多く含むおもな食品

種類	多く含む食品	働き
脂溶性ビタミン		油と一緒にとることで吸収アップ
ビタミンA	肉類、加工食品	
ビタミンD	果物、野菜	骨や筋肉づくりに有効。特に最近注目!
ビタミンE	食塩、調味料	ビタミンA、ビタミンC、ビタミンEを一緒にとることで抗酸化力がアップ
ビタミンK	海藻、豆類、ナッツ	骨を強化するために必要
水溶性ビタミン		
ビタミンB1	豚肉、豆類、そば	糖質を多くとる場合は増やす
ビタミンB2	レバー、卵	口角炎が出やすいジュニアアスリートはふだんから意識してとる
ビタミンB6	マグロ、カツオ、レバー、ニンニク、ブロッコリー	たんぱく質を多くとる場合は増やす
ビタミンB12	レバー、貝類、海苔	血液をつくるために必要
葉酸	ホウレンソウ、モロヘイヤ	血液をつくるために必要
ビタミンC	イチゴ、キウイ、ブロッコリー	腱やじん帯の組織や、炎症をおさえることにも関与

◀次ページにつづく

◎おもなミネラル

骨や歯、血液などの体の成分。酵素を活性化させたり、体の機能を調節したりもする。

ビタミンのおもな種類とそれを多く含むおもな食品

種類	多く含む食品	働き
カルシウム	乳製品、しらす、干しエビ、ワカメ	骨の代謝・成長、筋肉の収縮
リン	肉類、加工食品	過剰でカルシウムの吸収が低下する
カリウム	果物、野菜	とりすぎたナトリウムの調整
ナトリウム	食塩、調味料	不足すると、けいれんなどを起こす
マグネシウム	海藻、豆類、ナッツ	骨や筋肉の代謝・成長
鉄	レバー、貝類、赤身の肉、サバ、マグロ、ホウレンソウ	血液をつくるために必要

◎食物繊維

多く含むおもな食品

水溶性食物繊維…熟した果物、海藻、オーツ麦
不溶性食物繊維…穀類、豆類、キノコ、ココア、小麦ふすま、こんにゃく

働き　水溶性食物繊維と不溶性食物繊維の2種類がある。水溶性食物繊維はコレステロールなどの上昇をおさえて、腸内細菌を増やすなどの働きがある。不溶性食物繊維は排便を促す。どちらも腸内細菌のエサとなる（水溶性の方がなりやすい）。腸内細菌はエネルギーをつくり、ビタミンを合成したり腸内感染を防ぐなどの働きもある。また、基本的に消化に時間がかかる。

ポイント

❶よいコンディションをキープするために、毎日しっかりとる
❷肉などを多くとる際には、量を増やす
❸水溶性と不溶性の違いを理解して、どちらが必要かによって上手に選ぶ
❹試合前はお腹がはるのを避けるために、ひかえるようにする
❺下痢と便秘をくり返すなどするジュニアアスリートは、普段の食事で意識する

Part 1

ジュニアアスリートの「勝ちごはん」ノウハウ

練習期編

朝夕のごはんやお弁当、免疫力アップ、体重増減、季節の食事など、「勝ちごはん」の練習期のノウハウを紹介します

Chapter 1

朝ごはん❶ 朝ごはんを食べた方がよい理由

キーワード

朝ごはん　一日の栄養素　エネルギー補給　体温　体のリズム

＊朝ごはんは食べた方がよい？

朝ごはんはアスリートに限らず、食べた方がよいと思っている人は多いと思います。では、なぜ朝ごはんを食べた方がよいのか、理由を考えたことはありますか？　ぜひジュニアアスリートと一緒に考えてほしいものです。

＊朝ごはんのメリットは4つ

朝ごはんを食べた方がよい理由は、次の4つです。

❶3食をとらないと、必要な栄養素がとりにくい

❷寝ている間に消費されたエネルギーを補給する

❸体温を上げる

❹体のリズムをつくる

まず❶は、特にジュニアアスリートにとっては、もっとも重要な理由になります。スポーツをしない子どもよりも多く食べなければ、必要な栄養素がとりにくいので、食材をプラスしなければなりません。朝食の1食をとらなければ、その分をどこかでプラスしなければいけなくなり、それはかなりの量になるということは想像がつきます。しかも、単純に1食の量を増やすよりも、**ジュニアアスリートの場合は回数を分けて摂取**

した方が、体づくりには役立ちます。

次に❷については、寝ている間も心臓は動いています。体温は36度ほどにキープもされていて、寝ている間も体はエネルギーを使っています。そのため、朝起きた時はエネルギーが消費された状態なのです。いわれてハッとするアスリートが多いのですが、自分自身が寝ているからといって、体の活動がすべて止まっているわけではないのです。

また、朝食を食べることで、❸の体温が上がり、体は目覚めます。

そして、ジュニアアスリートの今後の食習慣をつくることにもつながりますが、毎朝、決まった時間に起きて食事をすることで、❹の「体のリズムをつくる」ことにつながります。

たとえば、大学生やひとり暮らしをするようになった場合も、規則正しい生活ができる習慣になっていると、体はそのリズムで働きます。「うちの子どもは朝が弱い」「朝食はあまり食べられない」というジュニアアスリートもいますが、**体質と思わずに、朝食は常に食べるという習慣づけが大切**です。

＊朝ごはんのメニューは毎日変えなくてもよい

では、朝ごはんは何を食べればよいか、どんなものがよいかとよく聞かれますが、トップアスリートの中には、毎朝同じ内容の朝ごはんを食べている人がいます。このアスリートに会うまでは、あきないように毎日違うメニューを作成し、選手の奥さんや保護者に渡すこともありました。でも、「毎朝同じものを食べることで、その日のコンディションがわかりやすい」というのです。

毎晩、明日の朝はどうしようかしら…と思っている保護者もいるかと思いますが、毎日変えず、もしくはいくつか理想的なパターンを持つとよいでしょう。

Chapter 1

朝ごはん❷
メリットだらけの「朝丼」

キーワード
朝ごはん　丼　汁物　ドリンク

＊朝ごはんのおすすめメニュー「丼」

食事をすることは、ジュニアアスリートにとって、強くなるチャンスです。朝ごはんを食べない、食べられないからといって、自らチャンスを逃すことがないようにしたいものです。

さて朝は、つくる人も食べる人も、かなり忙しいのではないでしょうか。もちろん、余裕を持って起きることが理想ですが、トップアスリートでも、ギリギリまで寝ていたい、という気持ちがあったりします。食事をつくる人もしかり。そこで、おすすめしたい朝ごはんメニューが、「丼《どんぶり》」です。

＊朝丼はメリットがたくさんある

今回紹介するメニューは「❶丼、❷汁物、❸ドリンク」の3品構成です。

私は、サポートしているチームの寮のメニュー作成を行うこともありますが、なるべく1品にぎゅっと栄養素が詰まった、見た目もコンパクトなものを出すようにしています。

朝、食欲がないアスリートにとっては、皿数が少ないだけでも食べやすく感じますし、朝食にゆっくり時間をかけられないアスリートも多いからです。また、食事をつくる人にとっても、皿数が少なければ洗い物が少なくてすみます。それに適しているのが「丼」なのです。

ポイントは、必要な栄養素がつまった食材をしっかり選ぶこと。食材をうまく使って、それをのせるだけ、混ぜるだけ、といった簡単な調理法は、つくる人にとってもうれしいものでしょう。丼は、白米でもかまいませんが、便秘がちだったり疲労がある場合は、玄米や雑穀米を使うこともおすすめです。

のせる、もしくは混ぜる食材ですが、**たんぱく質を多く含むもの**を選びます。たんぱく質は、筋肉や骨、血液をつくるだけでなく、ジュニアアスリートにとって、成長するためにも多く必要な栄養素です。たんぱく質は、肉や魚介類、卵、豆製品、乳製品などに多く含まれます。

プロアスリートの朝ごはんをチェックすると、卵や納豆、豆腐などをとり入れていることが多いのですが、皆さんは今日の朝ごはんにたんぱく質を多く含む食品は何かとりましたか?「何もとれていない…」と気づいた人は要注意。体をつくる成分が不足しているかもしれません。早速、明日からとり入れるようにしましょう。

＊朝ごはんを食べる習慣、それを継続することが大事

写真1(P35)の「朝丼」は、サケやシラス、納豆などを使い、体づくりのたんぱく質がしっかりとれるようになっています。

また、朝から生野菜のサラダは量があり、食べにくいことがあります。でも、ナムルにすることで、量が減って味がつき、野菜嫌いのジュニアアスリートでもよく食べてくれるようになります。

体によいイメージのあるホウレンソウとニンジンですが、これらは鉄やカロチンなど、運動することで多く必要となるビタミンやミ

 ◀次ページにつづく

ネラルが補給できる、とても優秀な野菜。ジュニアアスリートにはぜひ食べてほしいものですが、ナムルのように、ごはんがすすむようなアレンジが大切です。

＊汁物で水分補給

朝丼と一緒に食べたいのが「汁物」です。

寝ている間によくコップ1杯の汗をかくといわれますが、代謝のよいジュニアアスリートの場合は、もっと汗をかいているかもしれません。汁物はその水分補給に適しています。

また、普段から野菜不足が気になる場合は野菜や海藻をとり入れれば、汁物で簡単に解消できます。

＊ドリンクにすると栄養素をとりやすくなる

朝丼の「ドリンク」は、野菜や果物だけでなく、体づくりのたんぱく質が必ずとれるように、ベースに牛乳や豆乳などを使います。ジュースにすることで、食材を食べるよりも体に入りやすいのですが、ミキサーを洗うのが面倒という人もいると思います。その場合は、生の果物をそのまま食べて、牛乳や豆乳を飲む形でもかまいません。

朝食は食べるという習慣だけではなく、ムラのない食事が継続できるような工夫が大事で、ジュニアアスリートにとっては、この習慣が大人になってからも影響するということは、よく感じてほしいところです。

食事は強くなるチャンス！
朝ごはんを食べないのはもったいないよ

JAの勝ちごはん 朝ごはんレシピ

写真1

朝丼

材料

ごはん……1杯

・サケふりかけ

Aサケ……1切れ
しらす……10g
黒いりごま……大1
塩……適宜

・野菜ナムル

Bホウレンソウ……80g
ニンジン……30g
ごま油……小1/2
しょう油……少々
豆板醤……小1/2

・納豆

C納豆……1パック
しょう油……少々

きざみ海苔……少々

つくり方

❶ Aをつくる。サケを焼いたら身をほぐし、すべての材料を混ぜる。
❷ Bをつくる。ニンジンはせん切りにし、さっとゆでる。ホウレンソウもゆでたら2センチほどの長さに切り、すべての材料を混ぜる。
❸ Cの材料を混ぜる。
❹ 器にごはんを盛り、❶、❷、❸と刻み海苔をのせる。

サケのふりかけと野菜ナムルはつくり置きしておくと便利。

Chapter 1

朝ごはん③

主食が「パン」の朝ごはん

キーワード

朝ごはん　パン　食事量　カルシウム　手軽　時短

＊強くなるには朝ごはんから見直す

主食が「パン」の朝ごはんについてです。

よく「どのくらい食べればいいのか？」と聞かれます。これは、朝食以外の食事量や練習内容によって変わります。そこでまず、今まで自分が食べていた量を基準に考えてみましょう。食パンの場合、何枚切りをどのくらい食べていましたか？

写真1を見てください。厚みが違うパンを並べてみました。一般的には、8枚切りや6枚切りがよく売られています。これらを食べているジュニアアスリートも多いと思いますが、8枚切りを食べていたら、6枚切りにしてみるなど、これまで自分が食べていた量を基準に増やしてみましょう。ちなみに、食パン1斤は約350グラム前後です。これを基準にすれば、増やした量の目安がつくと思います。

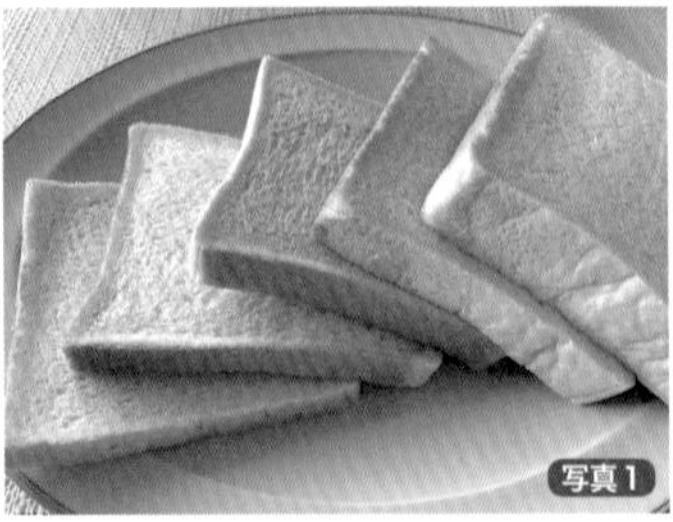

左から12枚切り、10枚切り、8枚切り、6枚切り、5枚切り。

＊朝食は手軽につくれて食べやすく

食欲がない、朝は時間がないジュニアアスリートは、朝ごはんは食べやすいものを好む傾向があります。そんな時に、同じ量でも8枚切り1枚と4枚切り½枚では、どちらが食べやすいでしょうか？　厚みの有無で、食べやすさは人それぞれ違うので、ジュニアアスリート本人に確認してみましょう。

また、スポーツ栄養でバランスのよい食事として紹介される「主食、主菜、副菜…」は、食べやすさやつくりやすさ、片づけやすさを考えると、1品で何とかできないか、と思いませんか？

＊朝のパン食はフレンチトーストがおすすめ

食パン、卵、牛乳で考えてみましょう（**写真2**）。主食、主菜…に当てはめれば、トースト、目玉焼きなどの卵料理、牛乳になりますが、これらを1品でまとめたメニューが、「フレンチトースト」です。

写真2

フレンチトーストは、卵と牛乳を混ぜたものにパンをつけ込んでおき、フライパンで焼くだけです。前日の夜から漬けておけば、朝はとてもラクですし、牛乳や卵がパンにしっかりしみ込みます。**厚切りよりは薄めの食パンの方がしみ込みやすく、焼いた時に時短になります。**フライパンで焼く際には、バターを使ってもかまいませんが、クッキングペーパーをしけば、脂質もおさえられます。

さらに**1品で多くの栄養素がとれるように、今回はきなこと黒すりごまを混ぜたものをかけましたが、この時に少し塩を加えるのがポイント。**パンや牛乳の甘みが引き立ち、はちみつやバナナなどの糖質を加えなくても、意外においしい

◀次ページにつづく

しく食べられるのです。

このようにすれば、1品で多くの栄養素がとれて、ジュニアアスリートも食べやすく、片づけも簡単です。

＊カルシウムはとろう

フレンチトーストは牛乳につけ込んでいるため、たんぱく質やカルシウムなど、ジュニアアスリートの成長期に多く必要な栄養素がとりやすくなっています。さらにこれらの栄養素をとりたい場合は、チーズを使いましょう。

フレンチトーストのように、卵と牛乳に漬けておいたパンに、チーズをはさんで焼くだけです。よく専用のツールがありますが、それを購入しなくても、チーズフレンチトーストはできます。今回は、クッキングペーパーを使って、コンロで焼いてみました。ペーパーが焦げてしまわないように弱火にする、などの工夫は必要ですが、5分ほどですぐにできます。

＊いつものピザもひと工夫

ピザは、野菜嫌いなアスリートでも野菜を食べてくれるので、サポートしているチームの食事でも、時々出すことがあります。もちろん、普通のピザよりは、緑黄色野菜やチーズなどを多く使うなどします。今回は、サバの缶詰を使います。

缶詰はそのまま食べることがいちばんで、今回はピザにアレンジ。缶詰やチーズには塩分が含まれているため、それほど発汗がない場合は、特に調味料を使う必要はありません。ミニトマトは、時間がない場合はケチャップで代用してください。

また、ミニトマトの切り方などを「食べやすい大きさ」と表記しています。ゴロゴロした方がよい、粗みじんの方が食べやすいなど、こうしたこともジュニアアスリートと話して、コミュニケーションをとってみるのもいいと思います。

JAの勝ちごはん 朝ごはんレシピ

きなこと黒ごまのフレンチトースト トマト・ブルーベリー添え

材料
食パン(12枚切り)……2枚
牛乳……1カップ
卵……2個
(バター適宜)
Aきなこ……大2
　黒すりごま……大1/2
　塩……少々
Bミニトマト……3個
　ブルーベリー……20g

つくり方
❶ボウルに牛乳と卵を入れてよくかき混ぜ、パンを漬ける。
❷フライパンなどで焼いたらAをかけ、Bをかざる。

ワンポイントアドバイス
ボウルではなくビニール袋を使えば、味がしみ込みやすく、洗い物も減らせます。

チーズフレンチトースト

材料
食パン(12枚切り)……2枚
牛乳……1カップ
卵……2個
好みのチーズ……50g

つくり方
❶ボウルに牛乳と卵を入れてよくかき混ぜ、パンを漬ける。
❷チーズをはさんで焼く。

ワンポイントアドバイス
パンは、フレンチトーストと同じく、牛乳と卵を混ぜた液に前日の夜から漬け込んでおくと、味がしみ込みやすいです。

 ◀次ページにつづく

JAの勝ちごはん 朝ごはんレシピ

野菜とサバ缶のピザ

材料

食パン（8枚切り）…………1枚
サバ缶…………80g
ピーマン…………2個
ミニトマト…………5個
干しエビ…………3g
ピザ用チーズ…………50g

つくり方

❶ ピーマンとミニトマトは、食べやすい大きさに切ってボウルなどに入れて干しエビを加えたら、サバ缶の汁で味をつける。

❷ パンにピーマン、ほぐしたサバ、ミニトマト、チーズの順にのせて、オーブンで焼く。

あとはチーズをのせて焼くだけ。

Chapter 1

朝ごはん❹

主食が「ごはん」の朝ごはん

キーワード

朝ごはん　ごはん（米）　魚　豆類　和洋中

＊米は豆をとり入れて体強化

主食が米の朝ごはんでも1品で必要な栄養素が多くとれるようにしましょう。そのためには、次の食品は常備しておきたいもの。

❶納豆
❷豆乳
❸魚缶詰（サバ、イワシ、サンマ、サケなど）
❹かつおぶし
❺干しエビ
❻チーズ
❼黒すりごま
❽野菜（特に緑黄色野菜。冷凍野菜でも可）

米はおもにエネルギーとなりますが、体をつくるたんぱく質も若干含まれます。ただ、単独ではうまく吸収されないため、**豆製品と一緒にとることがコツ**です。そうすると、米に含まれるたんぱく質も、体づくりにうまく使われます。

これを利用したのが、「体づくり丼」（**写真1**）です。納豆はかき混ぜて粘りを出すのがよく、そこに塩分が高い魚の缶詰とチーズを混ぜれば、余計な調味料は使わなくてOKです。もちろん、**缶詰の汁には魚の脂であるEPAも豊富**です。ジュニアアスリートにとっては、どんどんとりたい栄養素の1つです。ただし**ツナ缶は、サラ**

◀次ページにつづく

体づくり丼。材料を混ぜてのせるだけの簡単レシピ。材料さえそろえておけば、ジュニアアスリートでも簡単につくれる。

ダ油などが加えられているため、注意してください。

納豆、魚の缶詰、チーズだけでも、体づくりのたんぱく質やビタミンD、カルシウム、鉄などがしっかりとれます。さらに、かつおぶしや黒すりごまも使いましょう。これらは混ぜてのせるだけ。材料さえそろえておけば、ジュニアアスリート自身でもつくれるでしょう。

＊ジュニアアスリートは やはりカルシウムをとろう

米食だと和食になりがちなので、朝食で手軽につくれる洋風の「豆乳ドリア」（**写真2**）も覚えておくとよいでしょう。

米は豆製品と組み合わせたいので、豆乳を使います。野菜は旬の時期に収穫した、栄養価の高い冷凍野菜。ジュニアアスリートに多く必要なのに不足しがちなカルシウムは、チーズと干しエビでとります。

つくり方は簡単。ごはんに豆乳、こしょう、コンソメなどの調味料を加えたら、冷凍野菜やチーズ、干しエビをのせて焼くだけです。**ポイントは、牛乳ではなく豆乳を使うこと。**余裕があれば、ミニトマトや卵を加えるのもおすすめです。

豆乳ドリア。ごはんに豆乳と調味料を加え、冷凍野菜やチーズ、干しエビをのせて焼くだけ。

＊玄米は発芽玄米がおすすめ

玄米や雑穀米をとり入れて、ビタミンやミネラルが補給できるように工夫している人もいるでしょう。これらをとり入れることで、計算上、栄養価は上がります。ただし、消化に時間がかかるため、**私は発芽玄米とそばの実をおすすめ**します。

発芽玄米は、白米や玄米と比べて、アミノ酸の1つであるGABAが多く含まれるのが特徴です。GABAは、脳に関与する栄養素としてとり上げられてきましたが、スポーツ界でも注目されている栄養素の1つです。

そばの実を単独で加えることで、雑穀米よりビタミンB群やたんぱく質の補給ができます。抗酸化作用も期待できるので、日々の練習に取り組みながら成長したいジュニアアスリートにとっておすすめです。

＊味つけや見た目を変えてみるのも1つの方法

写真3の「発芽玄米チャーハン」は、中華風に仕上げています。味つけや見た目も、和風、洋風、中華とローテーションすれば、ジュニアアスリートもあきずに食べられるかもしれません。逆に、朝ごはんは毎日同じものを食べるトップアスリートのように、その方が継続しやすいジュニアアスリートもいるかもしれません。ジュニアアスリートとコミュニケーションをとり、好みや性格などから継続して食べられる朝ごはんを見つけましょう。

発芽玄米チャーハン。時には中華風の朝ごはんにするのも、朝ごはんを継続的に食べるようになるコツ。

Chapter 2

夕ごはん❶ 夕ごはんに必要な栄養素「たんぱく質」

キーワード

夕ごはん　たんぱく質　野菜嫌い

＊複数の食材からたんぱく質をとる

夕ごはんでは、朝ごはん同様、**必ず筋肉や骨などをつくるたんぱく質をしっかりとりたい**ものです。しかも1種類だけでなく、**なるべく複数の食材からたんぱく質がとれるようにするのがよい**でしょう。肉だけ、といった1種類よりは、肉と豆、魚介類と卵…といったように、複数のたんぱく質を多く含む食材をとり入れるようにするのです。そうすると、これらの食材にはたんぱく質以外の栄養素も含まれているため、多くのビタミンやミネラルなどがとれることにつながるのです。

また、複数のたんぱく質を多く含む食材をとり入れることで、食卓もにぎやかになるでしょう。

写真1は「豚ひき肉、卵、牛乳、タコ、チーズ、豆」と、6種類も使われています。また、肉や魚介類、乳製品、卵、豆と、バラエティーにとんでいます。

それから野菜についても、野菜ソテーだけでなく、実は「松風焼き」の中にもニンジンとタマネギが入っています。フードプロセッサーを使っているので、野菜嫌いのジュニアアスリートでも、すんなりうけ入れてくれることが多いです。

JAの勝ちごはん 夕ごはんレシピ

写真1

お品書き
・ごはん　・松風焼き
・グレープフルーツ
・アスパラとトマトのソテー添え
・タコとチーズのバルサミコ和え
・オニオンとミルクスープ

松風焼き

材料

豚ひき肉	150g
タマネギ	1/4個
ニンジン	1/6本
卵	1個
パン粉	10g
牛乳	大2
A 味噌	大1
みりん	小1
しょう油	小1
ショウガ汁	小1
けしの実（いりごまでもOK）	大2

つくり方

❶ オーブンを200度に温めておく。
❷ タマネギとニンジンは、フードプロセッサーで細かくする。
❸ ボウルにAを入れてよく混ぜたら、けしの実以外のすべての材料を加えてよく混ぜる。
❹ オーブンシートに❸をのせ、1センチほどの厚さにしたら、けしの実を振る。
❺ 200度で約20分焼く。

ワンポイントアドバイス

- 鶏ひき肉ではなく、あえて豚ひき肉を使います。タマネギ、ショウガとの組み合わせで、スポーツで疲れた体の回復効果がアップします。

Chapter 2

夕ごはん❷ 遅い時間の夕ごはんのとり方

キーワード

夕ごはん　遅い時間　たんぱく質　消化◎　煮込み料理

＊ジュニアアスリートに多い悩み

ジュニアアスリートの保護者からよく相談をうけることの1つに、遅い時間の夕ごはんのとり方があります。部活動が終わるのが遅かったり、もしくはどこかのクラブチームに所属していて、往復で2時間以上もかかるというジュニアアスリートもいます。そのため帰宅時間が遅く、夕食が21時すぎということや、食べてすぐ寝ることがよいのかどうか心配する相談をよくうけます。

また、帰宅するまでに何か食べた方がよいのではないかと、あまりに遅い夕食のためお腹がすきすぎることを心配したり、それであれば練習前に何か補食をとらせた方がよいのではないか、と心配する保護者の声もよく聞きます。

＊消化のよいものをとる余計なものをとらない

食べてすぐ寝ることはあまりよくない、ということは誰もが感じていることでしょう。食べてすぐは、まだ胃などで食べ物が消化されていて、自分自身は寝ているつもりでも内臓は動いています。よく寝る前の3時間前は食べない方がよいといわれますが、これは食べたものがある程度消化される時間を見越してのことです。

ただし、帰宅が遅いジュニアアスリートの場合は、必ずしも食べてから寝るまで3時間以上とれないこともあるでしょう。21時に食べて、3時間たたないと…と、24時すぎに寝たとしても、今度は睡眠不足や疲労がとれないなどの原因になることは、容易に想像できます。

そこで、遅い時間の夕ごはんの場合は、**必要な栄養素をしっかりとりつつ、消化のよいものを選び、そして余計なものをとらない、ということがポイント**になります。消化がよいと聞いて、うどんやおかゆを想像した人もいるかと思いますが、実はそうではありません。まずは、**体の成長や、スポーツをすることで破壊された筋肉などを修復してくれるたんぱく質は、しっかりとりましょう。**

そして、**脂質をおさえたメニューにしたりする食材の選び方や、調理法が大切**です。

＊煮込み料理はいいことづくめ

おすすめは、煮込み料理。具材が柔らかくなり、胃にも優しくなります。牛乳や豆乳などをベースにした煮込み料理にすれば、それだけでまず1種類のたんぱく質がとれます。そこに必要な食材を加えれば、簡単に消化のよい料理がつくれます。うっかりすると水分補給がおろそかになりがちですが、遅い時間でも水分補給はしっかりすることが必要です。そうした意味でも、無理なく水分がとれる煮込み料理はおすすめなのです。

それから、品数（皿数）を多くするよりは、あえて品数（皿数）を少なくするとよいでしょう。それにより、食べやすくなり、食事にかける時間も少なくなります。

＊帰宅したらすぐに夕ごはんの習慣づけ

夕ごはんの内容も大事ですが、

◀次ページにつづく

帰宅したらすぐ食べるという習慣は、つけたいものです。食べる時間が早ければ、体に吸収される時間も早まり、翌日の疲労回復にもつながります。**帰宅してからお風呂に入ったり、荷物を片づけたりする前に、まずは夕ごはん！** その少しでも早めの夕ごはんが、ジュニアアスリートにとっては体づくりやパフォーマンスアップにつながるのです。

JAの勝ちごはん 遅い時間の夕ごはん

お品書き
・ごはん
・チキンと野菜のソテー
・アサリのワイン蒸し
・緑と黄のサラダ
・ヨーグルト リンゴキウイソースかけ

チキンと野菜のシチュー

材料
鶏むね肉……150g
塩……少々
こしょう……少々
タマネギ……1/4個
ニンジン……1/4本
スナップエンドウ……3本
ブロッコリー……50g
油……小1
水……1/2カップ
牛乳……1カップ
コンソメ……小1/2
パルメザンチーズ……大1

つくり方
❶ 肉と野菜は食べやすい大きさに切る。鶏肉には塩とこしょうを振る。
❷ スナップエンドウとブロッコリーはゆでておく。
❸ 鍋に油を熱し、鶏肉とタマネギをよく炒めたら、ニンジンを加えてさらに炒める。
❹ ❸に水と牛乳、コンソメを加えて煮る。
❺ 仕上げに❷とパルメザンチーズを加えたら火をとめ、皿に盛る。

Chapter 3

お弁当① ジュニアアスリートのお弁当は量と質

キーワード

お弁当　食事量　たんぱく質

＊まずはお弁当箱の大きさが大事！

部活動や学校で講演などをさせていただく際に、保護者には普段、お弁当をつくる際にはどんなことに気をつけているのかをたずねることがあります。そうすると「バランスのよい内容になるようにしています」「色を気にしています」「量をたくさんとれるようにしています」というような返答があります。みなさん、いろいろ工夫されているのだなあと思います。ただ、やっぱり今のままのお弁当の内容でよいのか気になる人は多いようです。

では、**写真1**のお弁当を見てください。スポーツをするだけでなく、成長期のジュニアアスリートにとっては、骨や血液、筋肉をつくるたんぱく質が重要です。このお弁当には、そのたんぱく質が肉や魚肉ソーセージ、卵、アサリ、乳製品など、種類多くあります。意外にお弁当箱の深さもあるため、量も入っているようにも見えますが、どうでしょうか？　ジュニア

スポーツをしない子どものお弁当例。

◀次ページにつづく

アスリートに適したお弁当でしょうか？　実は、これは一般的な子どものお弁当なのです。

　スポーツをするジュニアアスリートとしない子どもでは、食事量が違います。**ジュニアアスリートは、スポーツをする分、多く消費されるエネルギーを補う必要**があります。お弁当も同じです。ジュニアアスリートはスポーツをする分、スポーツをしない子どもよりも多く食べる必要があります。

　「お弁当箱に入りきらない」というのを理由にする保護者もいますが、そうではなくて、まずは大きなお弁当箱を用意しましょう。何を食べさせればよいかを気にする前に「**お弁当箱の大きさ！**」が大切です。

＊ジュニアアスリートのお弁当の考え方

ジュニアアスリートの場合は、**写真2**くらいの量はとりたいものです。今回は一般の子どもとの違いをわかりやすくするために、あえてお弁当箱は同じものを使っています。どうでしょうか？

　まず、お弁当箱につめていたごはん（アサリごはん）をおにぎりにして、別にしています。実はこのごはんの量も多くなっています。２段のお弁当箱は、すべておかずになりました。色合いが鮮やかなのですぐに気づかれたと思いますが、ニンジンやホウレンソウ、トマト、ブロッコリーなどの緑黄色野菜が多くなりました。野菜はビタミンやミネラルが多い食材ですが、お弁当には、特にビタミンCやカロチン、鉄など、ジュニアアスリートのコンディションに影響する、栄養素が多く含まれる野菜を上手に選びたいものです。

ジュニアアスリート向けのお弁当例。

またここではすべての野菜の味つけを変えているため、ジュニアアスリートもあきずに野菜が食べられるようにしています。

それから野菜だけでなく、ジュニアアスリートにとって大事なたんぱく質を多く含む、卵や枝豆、魚肉ソーセージ、豚肉などを使ったおかずも増えています。たんぱく質は「❶肉、❷魚介類、❸卵、❹大豆、❺乳製品」に多く含まれていて、1種類だけを多くとるよりも複数でとる方がよいのですが、お弁当を見て気づきましたか？

❶肉→鶏肉、豚肉
❷魚介類→アサリ、魚肉ソーセージ
❸卵→卵
❹大豆→枝豆
❺乳製品→牛乳

なんとこのお弁当にはすべて入っています。枝豆のように入れるだけ、牛乳のように添えるだけ、というものもあり、**すべてつくる必要はなく、ジュニアアスリートのお弁当の中身は必要な栄養素がとれるアイテムを必ず入れる**、というコツをつかんでください。

そして、果物の代わりに、ここではジュースを入れました。特に暑い時期に果物を持たせることに違和感を覚える人は多く、また暑い時期に100%ジュースは水分補給にもなります。ただし、間違っても果汁などが含まれていないものや、砂糖やブドウ糖果糖液糖などが使われたものは避けましょう。

ちなみに、牛乳の代わりに飲むヨーグルトでもいいのでは？　と思っている人も多いのですが、成分はまったくの別物です。**飲むヨーグルトは、砂糖などの糖質が多いジュースと同じ**です。実際に高校の部活動で講義をすると「牛乳は嫌いだけど、代わりに飲むヨーグルトを飲んでいます」と自信を持って答えるジュニアアスリートがかなりいますが、体脂肪が増える原因にもなりますので、間違えないようにしましょう。

Chapter 3

お弁当❷ お弁当の野菜は栄養素だけでなく色彩も重視

キーワード

お弁当 野菜 色彩 匂い

＊野菜の色も体にプラス効果

次は中身について考えてみましょう。

野菜やたんぱく質を多く含む食品がふんだんに使われていることだけでなく、火を通すことで野菜などのかさが減り、量がとれる利点がお弁当にはあります。もちろん皿に盛るよりはとれる量が限られているので、使う野菜の種類を増やしたりしたいものですが、お弁当のためにあえて野菜を購入するというよりは、たとえば夕ごはんなどで使う野菜を少量残したり、もしくは余った野菜をとり入れるようにするとよいでしょう。

また、**お弁当は開けた時の色合いで、食欲に違いが出ます。**ここでは、赤、緑、黄、白…などと鮮やかになるよう色彩も意識してつめていますが、筋肉や骨などの体をつくるたんぱく質の肉や魚は、茶色っぽい落ち着いた色になりやすいです。ですから、野菜の栄養素だけでなく、色もうまく使いましょう。

- **赤**…ニンジン、トマト、赤パプリカ
- **黄**…カボチャ、黄パプリカ、黄トマト
- **緑**…ホウレンソウなどの青菜、ピーマン、ブロッコリー

野菜のおかず

写真1（P54）の野菜おかずは、さっとゆでた野菜を調味料で和えるだけです。野菜の種類が多いとゆでるのが面倒に感じるかもしれませんが、大きめの鍋に水を入れて沸騰させたら、たとえばP55の3つのレシピの場合は、ざるにせん切りのニンジンとモヤシを入れたものをさっとゆでたらそのまま水気を切り、同様にブロッコリー、ホウレンソウの順で何度もお湯をわかさずにそのままゆでてしまいましょう。

味つけは、出汁、しょう油、ソース、ケチャップ、ポン酢、オイスターソース、ごま油などがあれば、和風、中華、洋風と簡単にアレンジできます。調味料を使うことで、たとえば暑い時期は発汗で失われる塩分がとれるというメリットもあります。また、梅やごまなどはどんどんとり入れるようにして、梅和え、ごま和えのように和えものにするのもおすすめです。

「枝豆」は、骨や血液をつくるたんぱく質だけでなく、夏バテや疲労回復に効果のあるビタミンB_1が含まれます。毎日食べてももちろん大丈夫ですし、むしろ肉や魚などの動物性たんぱく質に偏らないためにも、お弁当の定番食材としてジュニアアスリートは活用したいものです。

豚肉とトマトのショウガしょう油炒め

豚肉は、枝豆同様にビタミンB_1が含まれます。ビタミンB_1の上手な組み合わせは、ショウガやネギ、タマネギ、ニラ、ニンニクのように、少し匂いのする野菜と一緒に調理することです。お弁当を開けた時、ニンニクやタマネギの匂いを嫌うジュニアアスリートもいますので、そのあたりを気にして残食につながるよりは、上手に組み合わせるようにしましょう。

◀次ページにつづく

＊お弁当は色彩や匂いも大事

お弁当は基本的に冷めたものです。朝ごはんや夕ごはんのように、つくり立てで温かいものではありません。「体に必要だから」ということだけで、ジュニアアスリートのお弁当をつくるのではなく、色彩や匂いにも配慮してあげたいものです。

野菜は、トマト、ニンジン、モヤシ、ホウレンソウ、ブロッコリー、枝豆の6種類。これらの野菜に含まれるビタミンの中には、油と一緒にとることで吸収が高まるため、調理法としては少し油を使って炒めたり、ナムルのようにごま油で和えるなどすることがおすすめ。

お品書き

①鶏肉のパルメザン焼き
②卵と魚肉ソーセージ炒め
③枝豆
④牛乳
⑤100%ジュース
⑥豚肉とトマトのショウガしょう油炒め
⑦ニンジンとモヤシのナムル
⑧ホウレンソウのごま和え
⑨ブロッコリーとしらすのポン酢和え
⑩アサリごはん

JAの勝ちごはん お弁当材料

ニンジンとモヤシのナムル

材料
ニンジン、モヤシ、ごま、酢、ごま油、しょう油

ワンポイントアドバイス
ニンジンを多めに使いましょう。少しごま油を使うことがポイントです。

ホウレンソウのごま和え

材料
ホウレンソウ、ごま、砂糖、しょう油

ワンポイントアドバイス
ごまはいりごまよりも、すりごまがおすすめ。特に疲れ気味の時は、消化のよいすりごまを使いましょう。

ブロッコリーとしらすのポン酢和え

材料
ブロッコリー、しらす、ポン酢

ワンポイントアドバイス
ポン酢で味が物足りない時は、しょう油を少し加えましょう。

memo
野菜の色も、体にはプラスの効果があります。これはファイトケミカルといって、ニンジンやトマトの赤色などのように色や香りのこと。ジュニアアスリートにとってはどんどんとりたい成分なのです。

Chapter 3

お弁当❸ お弁当にもカルシウムが必要

キーワード

お弁当　カルシウム　乳製品

＊お弁当はカルシウム不足に注意する

ジュニアアスリートは、スポーツをするだけでなく成長もするために、筋肉や骨など体をつくるたんぱく質は多く必要です。さらにはミネラルの中の、特にカルシウムと鉄も意識してとり入れたいものです。ところが、このカルシウムと鉄は、意識しないと不足しがちだったり、吸収が悪いものなので、上手な食べ方がポイントになります。

まずはカルシウムです。よく耳にし、なじみのある栄養素ですが、実はスポーツをする、しないに関わらず、**日本人にとってもっとも不足しやすい栄養素の1つ**です。そのため成長期でもあり、さらに多くカルシウムが必要となるジュニアアスリートの場合は、意識してとらないと不足しがちになります。でも、意識すれば比較的、簡単にとれる栄養素でもあるのです。カルシウムが多く含まれる食品は、**牛乳やチーズなどの乳製品、干しエビ、シシャモなど**です。

＊カルシウムの含有量を1食、または1回で比較

表1（P58）の「カルシウムを多く含む食品」は、100グラムあたりの量で比較されることが多い

のですが、それだと現実的ではなく、おかしなことになります。

たとえば、ごまを大さじ1杯でカルシウムを出していますが、ごま大さじ1杯は9グラム。これを100グラム表示にするととてつもない量になりますが、それが現実的な量ではないことはわかるでしょう。表1のように1食、もしくは1回量で比較すると、食事でどれだけとれているのかがわかるかと思います。

また、カルシウムはどの食品に多く含まれるかだけでなく、含まれる食品によって吸収率が違うことが特徴です。**もっとも吸収がよいのが、乳製品に含まれるカルシウム**です。

講演などで「牛乳は体に悪いのではないか？」という質問をうけますが、カルシウム量が多いだけでなく、吸収がよいカルシウムが含まれること、そして体づくりのたんぱく質も多く含まれていることを考えると、簡単にこの2つの栄養素がとれる乳製品は、ジュニアアスリートにとっては手軽に必要な栄養素がとれる食品です。

ちなみに、牛乳1パック（200ミリリットル）の中には、カルシウムが約230ミリグラム含まれます。一般の子どもの場合は、1日600～1000ミリグラムとることが国が推奨する量なので、牛乳1パックでとれるカルシウムの量がいかに多いのかがわかるでしょう（P58表2）。もちろん、ジュニアアスリートのようにスポーツをする場合は、もっと多く必要になります。

＊カルシウム不足を防ぐには乳製品がおすすめ

日本人に不足がちなカルシウムは、海外ではしっかりとれている国もあります。これは何が影響しているかといえば、乳製品の摂取量の違いが大きいといわれています。「和食に牛乳は合わない」と思っている人もいるので、それが影響しているのかもしれません。

◀次ページにつづく

体によいというイメージがある和食ですが、実はカルシウム不足になりやすいのです。でも、**海藻や切り干し大根、高野豆腐などからカルシウムはとれます。**和食の場合はこのような食材をとり入れる意識を持てばよいのです。

また、牛乳を飲むとお腹が緩くなるのは、牛乳に含まれる乳糖を分解できないのが理由です。乳糖は、あの牛乳の独特の甘さです。生まれつきこの乳糖を分解する酵素の働きが弱かったりすると、牛乳を飲むと下痢をしてしまうのです。その場合は、乳糖がすでに分解された発酵乳などをとり入れるようにするとよいでしょう。

表1 1食、1回あたりのカルシウムを多く含む食品

●食品1食（1回）	●含有量
牛乳　コップ1杯	227mg
チーズ　1切れ	126mg
ヨーグルト　1個	108mg
木綿豆腐　1/2丁	180mg
ごま　大さじ1	108mg
大根の葉　小鉢1食	130mg
切り干し大根　小鉢1食	54mg
干しエビ　大さじ1	568mg
シシャモ　1尾	66mg
高野豆腐　1個	105mg

表2 カルシウムの1日の推奨量（mg）

	男性	女性
6－7歳	600	550
8－9歳	650	750
10－11歳	700	750
12－14歳	1000	800
15－17歳	800	650
18－29歳	800	650

（日本人の食事摂取基準2020年版より）

Chapter 4

補食① ジュニアアスリートの補食の必要性

キーワード

補食　消化◎　たんぱく質　おにぎり　パン

＊補食は必ずとる

小学生や中学生などの学年を区切った保護者に、細かな食事のお話をする機会がありました。どの年代でも出たことは**「体がなかなか大きくならない」**でした。そもそもが、食事が思うようにすすまないということで、食べる量が少ないということが理由だったりしますが、中には食べているのに成長が見られないという人もいました。こうした場合、保護者はどこを気にしているかといえば「夕ごはん」です。でも、夕ごはんの内容を気にする前に、**適切な栄養素を含む補食**をとり入れましょう。

＊効率よく成長するには補食が必要

ジュニアアスリートには、補食が必要です。これは必要なエネルギーをとるだけでなく、効率よく体をつくることにもつながります。補食をとっているジュニアアスリートは、学校から帰ってきて、次の❶と❷のどちらがよいか悩んでいるようです。

❶補食をとる→練習に行く→帰ってきて夕食

❷夕食をとる→練習に行く→帰ってきて補食

❶と❷、どちらのタイミングの補食にしても、**消化がよいこと、**

 ◀次ページにつづく

たんぱく質をとり入れることが重要です。食べやすくてお腹がふくれやすい、おにぎりやパンを食べているジュニアアスリートも多いようですが、そこにここで紹介する「ポークジンジャー」をプラスする食べ方はおすすめです。これは、夕食の「主菜」を補食でも使うため、保護者の負担も少なくてすみます。

＊おにぎりorパン

　おにぎりは、具として詰めるだけでなく、**写真1**のように混ぜごはんにしてもよいです。または、**写真2**のように、ごはんを1センチの厚さにして両面を焼き、ライスバーガーのようにすると、雰囲気が変わってよく食べることもあります。

ポークジンジャーを混ぜたおにぎり。

ポークジンジャーを間にはさんだライスバーガー。

　パンの場合は、**写真3**のようなロールパンだけでなく、バゲットや食パンを使えば、雰囲気がまったく変わります。原材料が小麦粉ではなく、米粉や全粒粉などのパンを使えば、摂取する栄養素も変わります。

　さらに、飲み物はたんぱく質がとれる牛乳や豆乳をアレンジしたものを用いれば、さらによいでしょう。

ポークジンジャーを間にはさんだパン。バゲットや食パン、または原材料が米粉や全粒粉などのパンでも◎。

私は牛乳や豆乳にきなことはちみつを入れて飲むことをプロアスリートにすすめていますが、簡単にできるので継続がしやすいようです。

体を大きくするすることは、一朝一夕でできることではありません。朝昼晩の食事はもちろん、ここで紹介した補食も含めて、継続すること。**すぐに結果が出なくても、やり続けることに意味**があります。

JAの勝ちごはんレシピ

お品書き
・パン
・ポークジンジャー　サラダ添え
・ソイクリームスープ
・ヨーグルト
・グレープフルーツ

ポークジンジャー

材料

豚もも肉	100g
Aショウガ	1片
酒	大1
しょう油	大1
はちみつ	小1
リンゴ	1/4個
タマネギ	30g
ニンジン	30g
油	小1/2

つくり方

❶ ショウガとリンゴはすり下ろす。それ以外の材料は食べやすい大きさに切る。
❷ 豚肉をAに10分漬け込んでおく。
❸ フライパンに油を熱し、タマネギとニンジンを炒めたら、❷を加えてさらに炒める。

Chapter 4

補食② 補食に最適な「アスリートライスボール」

キーワード

補食　食事と補食のタイミング　たんぱく質　ごはん

＊運動後30分だけが大事ではない

「運動後30分以内に栄養補給を」と、聞いたことはありませんか？30分以内に栄養補給すると体の回復が早まるので、このタイミングをゴールデンタイムともいいます。ただ、**筋肉をつくる働きは、ゴールデンタイムだけが重要なのではありません。**

練習による体（筋肉）への刺激は30分だけでなく、24時間つづきます。ですから、効果的に体をつくるには、**練習後すぐの補食だけでなく、その翌日の練習までの食事と補食で、たんぱく質をとることが大事。特にたんぱく質を意識することがポイント**です。練習の刺激で、筋たんぱく質の合成が高まっているタイミングを、逃さないようにしましょう。これを教えれば、ジュニアアスリートも練習で疲れたから食欲が出ない…なんていわなくなるかもしれません。

今回紹介するアスリートライスボールは、体づくりに欠かせないたんぱく質はもちろん、米に含まれない栄養素、ジュニアアスリートに多く必要な栄養素、さらには季節の変わり目のコンディション不良を予防するための栄養素など、吸収がよくなるような食品を組み合わせています。

＊3つのアスリートライスボール

ギュッと握ることでコンパクトになり、補給しやすいことが、ライスボウルの利点です。

アスリートライスボールA

どんなジュニアアスリートにもおすすめなサケ、干しエビ、アサツキ、ごま（**写真1**）を使ったライスボールです。体調不良の予防のためにも、ビタミンDはしっかりとりたいところ。サケはビタミンDが豊富で、旬の秋はEPAやDHAの量も増えます。トップアスリートは定期的に血液検査を行い、これらがしっかりとれているか判断するほど、勝つために欠かせない栄養素です。成長期のジュニアアスリートはもちろん、ケガ予防のためにも意識しましょう。

アスリートライスボールAの材料。

アスリートライスボールB

アスリートライスボールBは、混ぜるだけ、しかも安価に体強化できるライスボールです。材料は、サバ缶と枝豆、カブの葉（**写真2**）。枝豆は冷凍でかまいません。カブの葉は、カルシウムだけでなくビタミンも多く、実は野菜の中

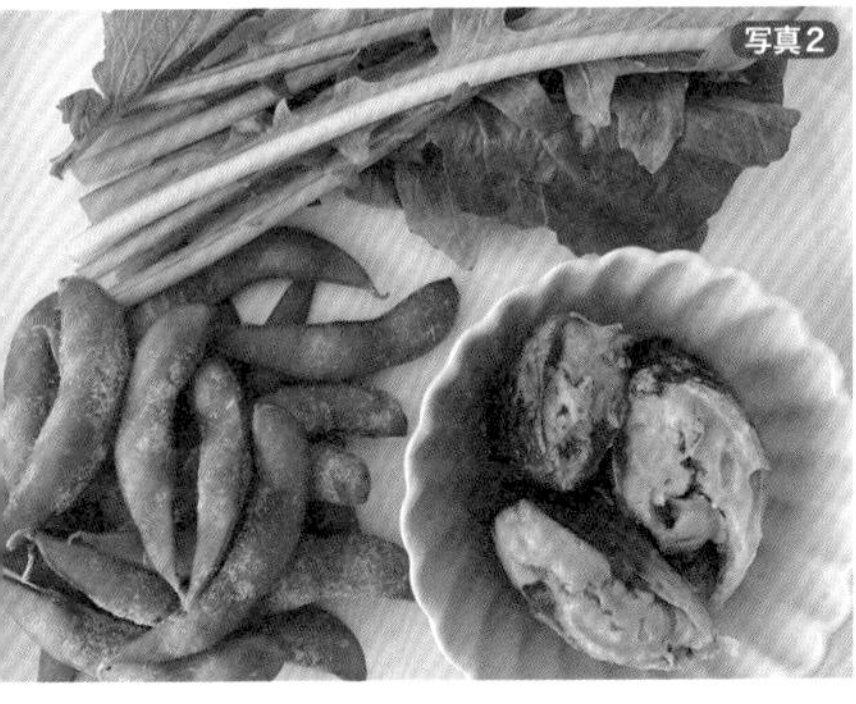

アスリートライスボールBの材料。

◀次ページにつづく

でもっともコストパフォーマンスが高いのです。間違っても捨てないようにしてください。カブの葉が手に入らない時は、大根の葉やコマツナなどの青菜でも代用できます。

アスリートライスボールC

体強化だけでなく、疲労回復にもおすすめのライスボールです。材料は、鶏ひき肉とチーズ、ミニトマト（**写真3**）。鶏ひき肉はむね肉をひいたものがおすすめです。チーズはカルシウムだけでなく、ビタミンDもとることができます。チーズの種類によって栄養価が変わってきますが、基本的には市販の角チーズやパルメザンチーズを使いましょう。

写真3
アスリートライスボールCの材料。

体づくりに欠かせない
栄養素がたっぷり！
食べやすいのもうれしい

JAの勝ちごはん 補食レシピ（各1個分）

アスリートライスボールA

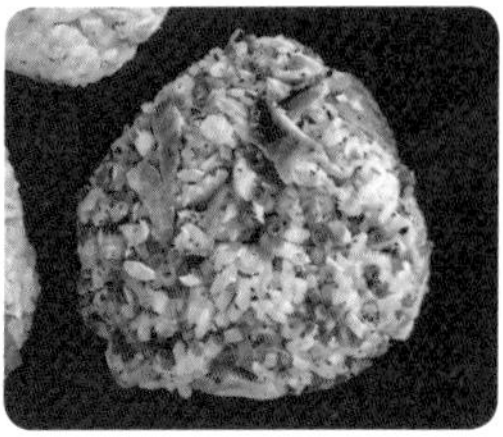

材料
ごはん……100g
サケ……1切れ(80g)
干しエビ……2g
アサツキ……20g
黒ごま……大1
塩……少々

つくり方
❶ 焼いたサケをほぐしてボウルに入れ、具をよく混ぜたら、ごはんと塩を加えて合わせ、握る。

アスリートライスボールB

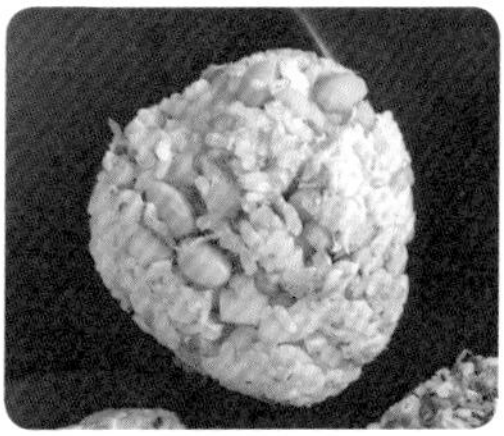

材料
ごはん……100 g
サバ缶……1切れ(40g)
冷凍枝豆……20房
カブの葉……50g
塩……少々

つくり方
❶ みじん切りにしたカブの葉を塩でもんだら水気をよく切り、ごはん以外の具とともにボウルに入れてよく混ぜてから、ごはんを加えて握る。

アスリートライスボールC

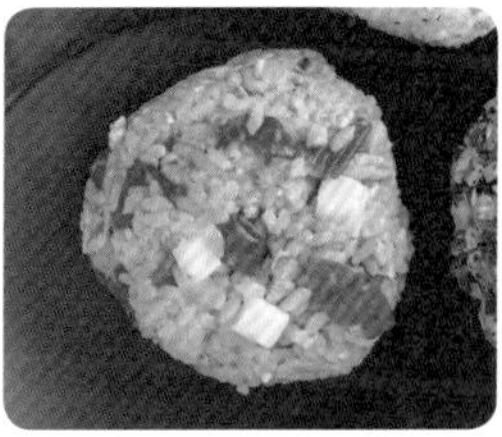

材料
ごはん……100g
鶏ひき肉……60g
ミニトマト……5個
チーズ……2切れ(30g)
塩……少々

つくり方
❶ 鶏ひき肉と4等分したミニトマトと塩を加えて炒めたらボウルに移し、5ミリ角にしたチーズとごはんを混ぜて握る。

Chapter 5

季節〔春～夏〕❶

カレーで暑さ対策

キーワード

梅雨時　暑い時期　カレー　食欲が落ちる

＊梅雨～梅雨明けの食事術

梅雨～梅雨明けの時期、トップアスリートでもコンディションを崩しやすくなるため、食事からの予防をさせるようにしています。

梅雨明け前は、気温の変動だけでなく、湿度も高くなり、ジュニアアスリートによっては、頭痛や関節の痛みが出やすくなったりします。また、体が重いと感じることも増えたり、さらには急に気温が高くなることで体がついていけず、ひどくなるとコンディション不良となり、スポーツができないどころか学校を休むことにもなりかねません。

＊食事量をチェック

まずは、食事量をチェックしましょう。いつも通り食べていると思っていても、**食事量が落ちていることもある**のです。

また、保護者自身も梅雨の時期は体が疲れやすくもなるため、食事をつくるのがおっくうになったりして、これまでのような食事がつくれていないこともあります。ですから、ジュニアアスリートだけでなく、保護者も一緒にチェックしてみましょう。

過去の食事の写真があれば、それと最近の食事の内容を比較してください。食べたものを一緒に振り返ることは、ジュニアアスリートとのよいコミュニケーションになります。

＊食欲がない時はカレーがおすすめ

カレー好きのアスリートは多く、約20年間プロアスリートと接してきて、カレーが嫌いというのは過去1人しか会ったことがないほどです。「カレーの匂いだけでごはんが食べられる！」と豪語するトップアスリートもいますが、カレー特有のスパイスの香りは強烈で、さらに条件反射のように食欲をそそるものです。そのため、チーム寮や合宿中の食事では、そろそろ選手の食欲が落ち始めるころかなと思う時に、カレーをとり入れるようにしています。

ただし、トップアスリートの中には「カレーはデブメニュー！」といって、外食では避ける選手も多くいます。これはごはんを食べすぎて糖質をとりすぎてしまうことだけでなく、**市販のカレールウをはじめ、外食などのカレーはバターを多く使うなどしているため、脂質が高いメニューになってしまうことがある**のです。

市販のカレールウのパッケージの原材料を見ると、たいていの場合、牛脂や豚脂というものが入っています。これは文字通り、牛肉や豚肉の脂身です。

そこでおすすめしたいのが「赤野菜と豚肉のカレー」。このカレーは、難しいことはいっさいなしの簡単レシピです。野菜もふんだんに使用していますが、トマトをベースにしているため、見た目以上に野菜をとることができます。

◀次ページにつづく

JAの勝ちごはん 暑さ対策レシピ

赤野菜と豚肉のカレー

材料

ごはん……180g

豚もも肉……120g

塩……少々

こしょう……少々

タマネギ……1/2個

油……小1

ニンジン……1/4本

タケノコ……30g

赤パプリカ……1/4個

Aニンニク……1片

ホールトマト

……1カップ(水分含む)

ケチャップ……大2

ヨーグルト……1/4カップ

カレー粉……大1

塩……少々

水……1/2〜1カップ

(様子を見ながら調整する)

らっきょう……3個

パクチー……適量

つくり方

❶ 豚肉は食べやすい大きさに切り、塩とこしょうを振っておく。

❷ ニンニクはみじん切りにする。それ以外の野菜は食べやすい大きさに切る。

❸ Aを混ぜておく。ホールトマトはつぶしておく。

❹ フライパンに油を熱し、赤パプリカをさっと炒めたら、皿にとり出しておく。

❺ ❹の油が残ったフライパンで、豚肉とタマネギの色が変わるまで炒めたら、ニンジンとタケノコを加えてさらに炒める

❻ ❺に❸と水を加えて煮込んだら、❹を加える。

❼ 皿にごはんを盛って❻をかけ、らっきょうとパクチーを添える。

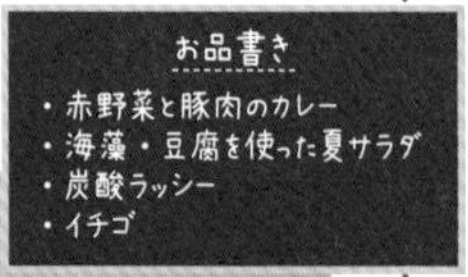
お品書き
・赤野菜と豚肉のカレー
・海藻・豆腐を使った夏サラダ
・炭酸ラッシー
・イチゴ

Chapter 5

季節〔春～夏〕❷ 夏バテ対策にぴったりの「麺の使い方」

キーワード

暑い時期　夏バテ　疲労回復　パスタ　豚肉

＊麺は具とソースを工夫する

暑い時期は、**主食は麺類など、のど越しがよいものが食べやすいもの**です。

特に炎天下で練習をするような競技の場合は、ジュニアアスリートにとって負担が大きく、わかっていてもなかなか箸がすすまないということも起こります。

＊パスタは具とソースを工夫する

そこで夏場のパスタは、**具やソースで、上手にたんぱく質を補給しましょう。**

まずソースですが、油で炒めると脂溶性ビタミンの吸収が高まり、量をとることができます。

また、夏バテ予防に必要なビタミンB_1は、豚肉やレバーでとれます。さらに、食欲が落ちることで不足しがちな鉄や抗酸化ビタミンを補給できます。

脂質が多いと逆に疲労の原因になりますので、肉の部位はバラよりもロースなど、上手に選びましょう。

 ◀次ページにつづく

JAの勝ちごはん 夏バテ対策レシピ

豚肉とアスパラガスのトマトパスタ

材料

スパゲッティ……80g
トマト……1/2個
アスパラガス……1本
豚肉……80g
ニンニク……5g
塩……少々
こしょう……少々
コンソメ……1/2個
水……1カップ
キムチ……50g

つくり方

❶ トマトは粗みじん切り、アスパラガスと豚肉は食べやすい大きさに、ニンニクはみじん切りにする。

❷ フライパンに油をひき、❶を炒めたら、塩とこしょう、コンソメと水を加えて煮込む。

❸ スパゲッティを表示時間通りにゆでて❷に混ぜ、皿に盛る。

ワンポイントアドバイス

ソースは冷凍保存もできます。食パンにのせてピザにしたり、ごはんでリゾットなど大活躍。

Chapter 5

季節〔春～夏〕③ 体重の落ちやすい夏は脂質でエネルギー補給

キーワード

暑い時期　夏バテ　食事量減　エネルギー補給　脂質

＊エネルギーは「タンパク質・糖質・脂質」

夏、かなり体重が落ちてしまったり、体重がなかなか増えないと悩んでいるジュニアアスリートはいませんか？　もちろん、減量中などのジュニアアスリートにとっては例外ですが、食べていても体重が落ちやすい、上がらない選手の場合、食べ方を変えてみましょう。

＊脂質はたんぱく質や糖質の2倍のエネルギー

食品には、○キロカロリーと表示がありますが、このキロカロリーというのはエネルギーのことです。エネルギーは体を動かすために必要で、運動量が多ければ多いほど、このエネルギーが必要になりますが、このエネルギーは「たんぱく質と糖質と脂質」の3つがどのくらい含まれているかで決まります。

中でも、**脂質のエネルギーはたんぱく質や糖質の2倍**で、1グラムで9キロカロリーもあります。ですから、脂質は太りやすいといわれますが、それは逆に**コンパクトにエネルギーがとれる栄養素**という見方ができます。

トップアスリートの中には、やはり体重が落ちやすく、少しでも

◀次ページにつづく

食事量が減ると極端に体重が落ちる選手もいます。これが続くと、免疫力が落ちることも考えられ、コンディション不良になる心配があります。そうした時は、揚げ物を出すことがあります。

ジュニアアスリートの場合、ここで紹介する唐揚げは大好きな人も多いことでしょう。時々、ジュニアアスリートのお弁当を見ることがありますが、唐揚げが入っていることが多いです。試合前は避けたいメニューですが、普段の練習時のエネルギー補給には少し入れてみましょう。

ニンジンとコマツナの白和え

材料

絹豆腐	150g
ニンジン	30g
コマツナ	50g
A しょう油	小2
みりん	小1
三温糖	小2
すりごま	大1

つくり方

❶ 豆腐は水切りをしたら、すり鉢やフードプロセッサーなどでペースト状にする。

❷ ニンジンはせん切りにしてさっとゆでる。コマツナはゆでてから2センチほどの長さに切る。

❸ すべての材料をよく和える。

ワンポイントアドバイス

夏バテ予防のビタミンB_1は絹豆腐をとり入れて。夏はすりごまを多めに。

「らっきょうのカレータルタルソース」はトップアスリートたちに人気のソースです

お品書き

- ごはん
- 唐揚げ らっきょうのカレータルタルがけ
- サラダ
- ニンジンとコマツナの白和え
- ワカメとショウガのスープ
- スイカ

JAの勝ちごはん 夏バテ対策レシピ

唐揚げ らっきょうのカレータルタルがけ

材料

鶏むね肉……160g
A ニンジク……2片
　しょう油……大1
　酒……大1
片栗粉……大3
油……適量
らっきょうのカレータルタルソース
B 卵……2個
　らっきょう(市販のもの)……4個
　マヨネーズ……大3
　カレー粉……小1

つくり方

❶ 鶏肉は食べやすい大きさに切る。ニンニクはすり下ろし、らっきょうはみじん切りにする。
❷ ボウルにAと鶏肉を入れてよくもみ込み、下味をつける。
❸ ❷の漬け汁を少しだけ残したら、片栗粉を入れて鶏肉に衣をつけて、油で揚げる。
❹ ゆで卵をつくったら、黄身はつぶし、白身はみじん切りにする。
❺ Bをすべて混ぜてソースをつくる。
❻ 皿に❸を盛り、❺をかける。

ワンポイントアドバイス

鶏むね肉とニンニクは最強の組み合わせ。タルタルソースはサラダのドレッシングにも使えます。

Chapter 5

季節〔春～夏〕❹

食事から水分補給するコツ

キーワード

暑い時期　水分補給　熱中症予防　補食　体強化　体を冷やす　抗酸化　栄養素補給

＊食事で水分をとる

夏は「水分補給をしっかりしよう」など、所属しているチームの監督やコーチからいわれる季節です。30度を超えるような暑さでの練習は、いわれなくてものどが渇くので、ジュニアアスリートはいつもよりも水をよく飲むようになっていることでしょう。

グラウンドでの水分補給は、栄養食事学の基本❻（P22）で紹介していますので、ここでは食事でとるコツを紹介します。

＊ドリンクを上手に利用

暑さで食欲が落ちやすい時は、手軽に栄養素と一緒に水分が補給できるドリンクをとり入れましょう。もちろん補食でとるのもよいです。

ドリンクのポイントは、目的によって食品を選び、飲み分けをすることです。今回は次の3つの目的別ドリンクを紹介します。

●目的別ドリンク

❶体強化ドリンク

❷体を冷やす・抗酸化ドリンク

❸エネルギー・ビタミン補給ドリンク

なお、ジュニアアスリートの栄養のために、野菜の購入が多くなった家庭もあることでしょう。**使い切れない野菜は、ドリンク1回分程度の量ごとに冷凍**しておきましょう。ミキサーに入れやすい大きさにカットしておけば、さらに使いやすくなります。冷凍したものをドリンクにすれば食感が変わり、体温を下げるドリンクにもなります。

野菜や果物の大部分は水分でできているので、このようにドリンクにすれば、無理なく水分も補給できます。

＊汁物で水分と塩分も

食事の際に汁物をとることは、水分補給につながります。

また、汁物は水分だけでなく、味噌や塩などを使っているため、発汗で失われる塩分の補給もできるのです。

味は塩味と甘味でまったく違いますが、実は栄養素でみれば「汁物＝スポーツドリンク」なのです。

ドリンクにすると、栄養素と水分がラクにとれ、体を冷やす効果も。

 ◀次ページにつづく

JAの勝ちごはん ドリンクレシピ

①体強化ドリンク

材料

バナナ……1本
アボカド……1/4個
牛乳……150ml
はちみつ……適量
黒すりごま……大1

②体を冷やす 抗酸化ドリンク

材料

ニンジン……50g
リンゴ……1/4個
スイカ……50g
トマトジュース……150ml

③エネルギー・ビタミン補給ドリンク

材料

コマツナ……1把
キウイ……1/2個
グレープフルーツ……1/4個
水……100ml

ドリンクで栄養素とともに水分をとり、体に「水分の貯金」をしましょう

JAの勝ちごはん 汁物レシピ

夏野菜のカレースープ

香辛料で食欲と血流アップ

材料

Aツナ缶(オイル入り)-1缶
　ゴーヤ……1/8本
　パプリカ……1/8個
　ナス……1/4本
　オクラ……2本
塩……少々
こしょう……少々
B水……1.5カップ
　オイスターソース……小1
　カレー粉……小1/2

つくり方

❶ 野菜は食べやすい大きさに切る。
❷ 鍋にAを入れて炒めたら塩とこしょうをし、いったんオクラだけとり出してBを加える。
❸ ❷が沸騰したら、オクラを加える。

豚とキクラゲの中華スープ

豚肉とキクラゲで体づくりや夏バテ予防効果アップ

材料

豚もも肉……60g
キクラゲ……4枚
ショウガ……1片
油……小1/2
A水……1.5カップ
　中華だし……小1
　塩……少々
　こしょう……少々
　しょう油……小1
ごま油……小1/2

つくり方

❶ 肉と野菜を食べやすい大きさに切ったら、鍋に油をひいてそれらを炒める。
❷ ❶にAを入れて調味したら、最後にごま油を加える。

JAの勝ちごはん 汁物レシピ

パンプキン豆乳スープ

冷温どちらでも楽しめ、抗酸化力抜群

材料

Aカボチャ……80g
　ニンジン……1/2本
　豆乳……1/2カップ
　水……1カップ
コンソメ……小1
味噌……小1
塩……少々
パセリ……適量

つくり方

❶ Aをミキサーにかける。
❷ 鍋に❶を入れて弱火で加熱したら、すべての調味料を入れる。好みでパセリをかざる。

サバ缶の冷や汁

材料

サバ(缶)……1缶
キュウリ……1/2本
オクラ……2本
ミョウガ……1個
シソ……4枚
A水……2カップ
　味噌……大1
　白すりごま……大1
アサツキ……2本

つくり方

❶ 鍋にAを入れて沸騰したら、冷ましておく（冷蔵庫に入れてもよい）。
❷ 野菜は食べやすい大きさに切り、ほぐしたサバ缶とともに❶に入れて混ぜる。

サバ缶は加熱せずにEPAやDHA、鉄、塩分が補給できます

夏の汁物は熱中症対策に必須。

Chapter 5

季節〔春〜夏〕⑤ 栄養素が高い旬の食材を中華でとる〔春〕

キーワード

春の旬の食材　キャベツ　ワカメ　伊予柑　中華

＊チャーハンは太りにくい

プロアスリートは、余計な体脂肪をつけないために、比較的、脂質が高い中華料理は避ける傾向があります。でも、チャーハンは、時々あえて食べさせることがあります。**油で炒めることで、白米よりも血糖値が上がりにくくなる**からです。

春が旬のキャベツを使った「春キャベツたっぷりのチャーハン」は、**油を少量と相当量のキャベツを使っているので、さらに血糖値を上げにくくしています。**大根の葉も使いますが、**大根の葉はジュニアアスリートが多く必要とするカルシウム、βカロテンやビタミンK、葉酸《ようさん》の宝庫。**成長にも関わる栄養素が豊富です。大根を購入してきたら、葉を1センチほどの長さに切って小分けにし、冷凍しておくと使いやすいです。

＊スープで栄養素補給

キャベツと同じく春が旬のワカメは、カルシウムがとれる海藻です。そこで、チャーハンと一緒に食べたいのが「ワカメと卵の中華スープ」。このスープは、カルシウムはもちろん、ビタミンDやたんぱく質など、骨や筋肉の材料となるものが含まれており、何よりすぐにつくれます。

◀次ページにつづく

＊色をとり入れる

年齢が低いアスリートには、ビュッフェ形式の食事をとらせ、何色あるかチェックさせることがあります。**アスリート自身が色をチェックすることで、栄養素の偏りを防ぐ**ことができるのです。

栄養素の知識を増やすには、ジュニアアスリート自身が自分が口に入れているものを「見る」ことが大切です。色のチェックはその「見る」基礎にもなります。

色に偏りがないか、○×でチェックしてみよう！

	白	赤	黄	緑	黒
朝ごはん					
昼ごはん					
夕ごはん					

p81の食事は、
すべての色が○になるよ
食品のとり入れ方や
組み合わせがポイント！

ビタミンCや葉酸など、運動時に必要な栄養素がとれる組み合わせ
ごま油を少し使えばさらに抗酸化力アップ
卵はスープにすると食べやすくなります
豆板醤を使えば味にアクセントが出て食べやすくなります

お品書き

- 春キャベツたっぷりのチャーハン
- ワカメと卵の中華スープ
- ニンジンとトマトの中華和え
- 中華風冷やっこ
- キウイと伊予柑

JAの勝ちごはん 旬の食材レシピ

春キャベツたっぷりのチャーハン

材料

ごはん……160g
豚もも肉……80g
春キャベツ……2枚
大根の葉……50g
油……小1
A塩・こしょう……各少々
　オイスターソース……大2
　ごま油……小1
　いりごま……大1

つくり方

❶ 豚肉とキャベツは、食べやすい大きさに切る。大根の葉は1センチほどの長さに切る（冷凍を使用してもOK）。
❷ フライパンに油を熱し、豚肉とキャベツを加え、ある程度火が通ったら、ごはんと大根の葉、Aを加えて炒め、仕上げにごま油を回し入れる。
❸ 皿に盛り、ごまをかける。

Chapter 5

季節〔春～夏〕⑥ 栄養素が高い旬の食材をとり入れる〔夏〕

キーワード

夏の旬の食材　消化◎　体調不良防止　アントシアニン

＊旬の食材をとり入れる

旬の食材は栄養価が高いといわれます。一年中、出回っている食材が多いので旬がわかりにくくなっていますが、時には旬のものをとり入れると、季節の食品がわかり、ジュニアアスリートを育てるものです。

＊夏が旬の「枝豆」「パプリカ」「サクランボ」

今回紹介するメニューは、旬の食材をとり入れた食事です。まず「枝豆スープ」は、枝豆をミキサーにかけて細かくしたものと牛乳がベースで、粉チーズなどで調味します。体づくりのたんぱく質は、食欲が落ちている時には食べにくいもの。そんな時には、**のど越しがよいスープで栄養補給して、消化はもちろん気持ち的にも負担がかからない**ようにします。

牛乳は約90％ほどが水分。このスープは牛乳からも水分が補給できます。

「豚肉とタマネギ炒め パプリカあん」は、ビタミンB_1不足を解消できます。パプリカにはさまざまな色があり、ここでは複数の色をとり入れましたが、もっともおすすめなのは赤パプリカ。抗酸化作用があるトマトケチャップで、あんかけにしています。

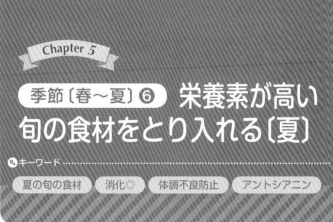

パプリカ。さまざまな色があるが、もっともおすすめなのは赤色。

このレシピの特徴は、けっこうな量のタマネギを使うことです。**タマネギに含まれるオリゴ糖によって、短《たん》鎖《さ》脂《し》肪酸《ぼうさん》をつくることも目的で、それによって体調不良を防止**します。

果物はサクランボ。この赤色は、**ポリフェノールの一種であるアントシアニン。**これはブルーベリーやブドウ、イチゴの色素成分と同じものです。プロサッカー選手の中には、相手の位置をたえずチェックするため、試合後に目の疲れを訴える選手がいます。目のトレーニングをする競技もあり、**スポーツと視覚はパフォーマンスに大きく影響**します。気になるジュニアアスリートは意識してとりましょう。

また、ポリフェノールなので抗酸化作用もあります。紫外線の多い時期に、屋外で練習をするジュニアアスリートにもおすすめの果物です。

ただし、**種は食べないこと。**時々、面倒だからとそのまま食べているジュニアアスリートがいます。便としてそのまま出てきたとしても、種を消化しようとする体への負担は大きい、ともいわれています。思い当たるジュニアアスリートは、今のうちに習慣づけをしたいものです。

サクランボ。赤色は店頭でも目を引く。

◀次ページにつづく

JAの勝ちごはん 旬の食材レシピ

豚肉とタマネギ炒め パプリカあん

材料

豚肉（脂身が少ない部位）……200g
片栗粉……適量
タマネギ……1個
パプリカ（赤・オレンジ）……各大1/2個
A ニンニク……1/2個
　塩……少々
油……小1
B ケチャップ……大3
　酢……大1
C 水……1/4カップ
　片栗粉……小2

つくり方

❶ 豚肉は食べやすい大きさに、タマネギとパプリカは5ミリほどの薄切りにする。ニンニクはすり下ろす。
❷ 豚肉にAをよくもみ込んで5分以上おいたら、片栗粉をつけておく。
❸ フライパンに分量の半分の油をひき、タマネギをある程度炒めたら、❷を加えてさらに炒める。
❹ 皿にタマネギをしき、肉をのせるように盛りつけておく。
❺ フライパンを洗ってきれいにした状態で、残りの油でパプリカをさっと炒めたら、Bを加えてよく味をなじませる。
❻ C（水溶き片栗粉）を加えてあんかけにし、❹にかける。

枝豆スープ

材料

枝豆（さやつき）……60個
水……1/2カップ
牛乳……1カップ
コンソメ……0.5g
粒こしょう……少々
粉チーズ……大1

つくり方

❶ 枝豆をゆで、さやからとり出す。
❷ ❶と水、牛乳を入れて、ミキサーにかける。
❸ 鍋に❷とコンソメを入れてひと煮たちさせたら、粒こしょうと粉チーズを加える。

Chapter 6

季節〔秋〜冬〕① 寒い時は温かいスープと栄養素で体を温めよう

キーワード

寒い時期　体を温める　スープ　免疫力強化　食材の色　たんぱく質

＊寒さは温かい食事で温める

トップアスリートの場合、バレーボールやバスケットボールなどの室内競技は、暖房のある体育館で練習をします。でも、ジュニアアスリートの場合は、寒い体育館で練習していることが多いでしょう。野球やサッカーなどの屋外競技の場合は、さらに風などによって余計に寒さを感じます。

そんな時は、温かいもので体を温めます。温かい汁物はお腹に入ると、温かさを感じます。今回紹介する「生姜ミルクスープ」は、カボチャやニンジン、スナップエンドウを使い、カロチンやビタミンE、ビタミンCがとれます。これらは免疫力強化も含めて寒い時期にはおすすめです。

また、カボチャの黄色、ニンジンの赤、スナップエンドウの緑で、スープの彩りがよく、見た目でも元気が出そうな感じがしますよね。よく食事は目でも食べるといいますが、**寒い時期は色の力もとり入れてみる**のはどうでしょうか。

さて、今回のスープは、ミルクスープということで牛乳をベースにしているため、体づくりのたんぱく質や、ジュニアアスリートが不足しやすいカルシウムをしっかりとることができます。さらにカルシウムを強化するために、スー

 ◀次ページにつづく

プの上に粉チーズをかけていますが、さらにこれで味に深みも出ます。

それとショウガを使っています。体を温める食材というと、ショウガを思い浮かべる人も多いことでしょう。ここでは、ジュニアアスリート用に量をおさえて使用していますが、トップアスリートの場合は量を増やしたり、さらにニンニクや唐辛子などもプラスして代謝を上げて、体を温かく感じさせたりもします。

＊たんぱく質で温める

栄養素には食べると熱を発するものがあります。食事をすると体が温かく感じると思いますが、**たんぱく質、糖質、脂質の3つの栄養素がそうなのです。この中でもっとも熱を発するのが、実はたんぱく質**なんです。

これはこれらの栄養素をとったから起こることなのです。**たんぱく質は肉、魚介類、卵、乳製品、豆製品に多く含まれます。**つまり、パスタなどの麺類を食べるよりも、焼肉や刺身を食べれば、体が温かくなるということなのです。

memo

食生活が変わる年末年始、体重の変化はありますか？　毎日体重を測定していますか？　クリスマスにはじまり、年末年始はいつもよりも食べすぎてしまうジュニアアスリートもいますが、この短期間の極端な体重増加は、体脂肪や水分の増加によるものです。少し動けばすぐ戻ると思わずに、食事量をコントロールしましょう。お正月は、餅や栗きんとんなど、糖質過多にならないことがポイントです。

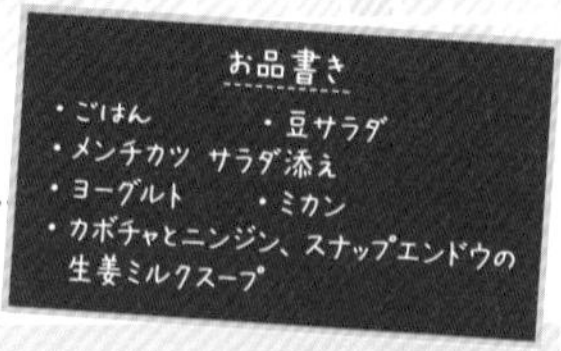

JAの勝ちごはん 体温めレシピ

カボチャとニンジン、スナップエンドウの生姜ミルクスープ

材料

スナップエンドウ……5本
カボチャ……100g
ニンジン……50g
ショウガ……1片
油……小1
A 牛乳……1カップ
　水……1カップ
　コンソメ……1/2個
　塩……少々
　こしょう……少々
パセリ……適宜

つくり方

❶ ショウガはみじん切り、カボチャとニンジンは食べやすい大きさに切る。
❷ スナップエンドウは筋をとり、ゆでておく。
❸ 鍋に油をひき、ショウガを炒める。
❹ さらに、カボチャとニンジンを加えてさっと炒めたら、Aを加えて煮込み、❷を加える。
❺ 器に盛り、パセリをちらす。

メンチカツ サラダ添え

材料

タマネギ……1/2個
ニンニク……1片
油……大1
牛ひき肉……150g
豚ひき肉……150g
A 塩……少々
　こしょう……少々
　ナツメグ……少々
　卵……1個
B 卵……1個
　水……大1
　小麦粉……大1
パン粉……適量
油（揚げ油）……適量
C ソース……大1
　ケチャップ……大1

つくり方

❶ タマネギ、ニンニクは、みじん切りにする。
❷ フライパンに油をひき、❶を炒めたら冷ましておく。
❸ ボウルに❷とひき肉、Aを入れてよく混ぜたら、2等分にして形をつくる。
❹ ❸をBにつけたらパン粉をつけて、油で揚げる。
❺ Cをよく混ぜて、好みで❹にかける。

Chapter 6

季節〔秋〜冬〕② 免疫が気になる時期こそ必要な栄養素を!

キーワード

免疫力強化　体調不良　寒い時期　たんぱく質　食物繊維　ビタミン類

＊体調不良はかなりのダメージ

冬場や寒い時期になると、風邪やインフルエンザが流行りだし、普段より一層コンディションを意識しているジュニアアスリートも多いことでしょう。体調不良になると、その日の練習ができないだけでなく、たとえば熱が出ると体は多くのパワーを使います。**発熱でエネルギーを使ったり、水分が失われるなどという体の感覚でわかることだけでなく、実ははるかに多くのダメージをうけている**のです。

ですから、トップアスリートが体調不良になると、回復した後もすぐにはベストパフォーマンスを出すことは難しかったりするのです。

＊食物繊維とビタミンをとる

免疫が気になる寒い時期、ジュニアアスリートにおすすめしたい野菜は、ネギ、ニンジン、ゴボウ、シイタケ、ニンニクです。これらは食物繊維や、免疫に関与するビタミンCやビタミンDなどを含むのです。ここで紹介する「特製けんちん麺」は、これらの野菜を使い、温かい汁とたんぱく質で体を温めます。

＊免疫もたんぱく質が関与

たんぱく質が不足すると、体づくりだけでなく、免疫にも影響します。手軽にとり入れられるチーズは数種類、常備しておくと便利です。

「チキンのチーズピカタ」は、まさにたんぱく質のかたまり。パルメザンチーズの衣のおかげで、鶏むね肉のパサつきがおさえられて、食べやすくなります。

JAの勝ちごはん 免疫力強化レシピ

お品書き
・特製けんちん麺
・マグロとアボカドのタルタル風
・キウイ

特製けんちん麺

材料

好みの麺……適量
A 鶏肉……30g
　ニンニク……1/2片
　ニンジン……20g
　ゴボウ……20g
B シイタケ……1個
　ネギ……30g
　豆腐……50g
油……小1/2
C だし汁……3カップ
　しょう油……大1
　みりん……大1
　味噌……小1/2

つくり方

❶ 材料は食べやすい大きさに切る。
❷ 鍋に油を熱し、Aを炒めてある程度火が通ったら、Bを加える。
❸ ❷にCを入れて煮込む。

◀次ページにつづく

JAの勝ちごはん 免疫力強化レシピ

チキンの
チーズピカタ

つくり方

鶏むね肉（150g）に、卵液（卵：1個・粉チーズ：大3・牛乳：大2）をつけて焼く。

ワンポイントアドバイス

卵液が残ったら、肉と一緒に焼いてしまいましょう。

アサリとキャベツのショウガ蒸し

つくり方

フライパンに砂抜きしたアサリ（殻つき100g）とキャベツ（50g）、ショウガ（少々）を入れて酒（大1）、しょう油（少々）を加えたら、フタをして弱火で5分ほど蒸し焼きにする。仕上げに干しエビ、ごま油を加える。

ワンポイントアドバイス

鉄とカルシウムがしっかりとれます。

Chapter 6

季節〔秋～冬〕③ 時短で応用がきく「鍋」のすすめ

キーワード
冬 鍋料理 旬の食材 ブリ しゃぶしゃぶ

＊1人でも大人数でも

鍋は具さえ用意しておけば、簡単に食べられます。具だけでなく、汁やタレなどを変えれば、毎日、日替わりでいろいろな鍋を食べられます。さらによいのは、大人数でも1人でも手軽に食べられ、意外に洗いものも少なくてすむところです。

＊鍋の時期のおすすめ「ブリしゃぶ」

サンマやサケなど、魚に脂がのってくる季節といえば、秋～冬です。**旬の時期は、魚のEPAやDHAも増えるのです。**気温が低くなった時に起こりやすいケガの予防になります。

中でも「あぶら→ぶら→ぶり」になったという説があるほど、ブリは食べた時の脂を感じる魚です。さらにはビタミンEも多いため、体がなかなか温まりにくく、アップに時間をかけているジュニアアスリートは、ぜひとり入れてみてください。

「ブリしゃぶ」の利点は、**ブリをさっと鍋で泳がせて食べられること。**そのため、**EPAなどが状態のよい形でとれ、たんぱく質やビタミンB_6、ビタミンB_2、鉄など、体づくりには最強の食材です。**

 ◀次ページにつづく

＊ポン酢はちゃんと選んで使う

「ブリしゃぶ」のように鍋自体に味がない場合は、**タレを使って鍋だけではとりきれない栄養素を摂取することがコツ**です。

ポン酢は市販の商品でかまいませんが、できれば原材料を見て、**あまり多くの種類を使わずにつくられている品を選ぶのがおすすめ。**

最初はこの作業が面倒だと思いますが、食品が多様化する現代、特に調味料に関しては、チェックして選ぶことがポイントです。

ここでは、ポン酢にアサツキ、黒すりごま、干しエビ、ニンジン（すり下ろし）を入れるように用意しています。ジュニアアスリートの場合は、タレからも食品をとるイメージを持ちましょう。実際にニンジンをすり下ろしてみるとわかりますが、**写真1**の量で大きめのニンジン半分量にあたります。風邪なども気になる季節ですが、このようにするとしっかり量を食べることもできます。

また、ブリが苦手な場合や、ほかの食材も楽しみたい場合は、表1「目的によってたんぱく質食を選ぼう」を参考にしてみてください。

＊「おろし鍋」と鍋の〆

「おろし鍋」は、タラやアサリ、そして練り物と高野豆腐を使った高たんぱく質の鍋。さらに寒い時にとりたいビタミンDや鉄、カルシウムも豊富です。高野豆腐とアサリ（缶詰）は常備しておきましょう。そして〆ですが、少量のチーズを加えれば、栄養素はもちろん満腹感も得られます。

また、基本的に練り物は魚を使っています。使用する魚の種類や、それ以外に含まれる材料が、商品によってまったく異なります。**原材料の表示で最初に魚があるもの**を選びましょう。

表1　目的によってたんぱく質食を選ぼう

サケ	成長期のジュニアアスリートやケガが多い選手は、頻繁にとりたい食材。
カキ	切り傷やすり傷が多いジュニアアスリートにおすすめ。
ホタテ	ビタミンB群やタウリンが豊富なので、練習量が多い時や疲れ気味のジュニアアスリートにおすすめ。
鶏むね肉	疲労回復や体づくり、風邪予防など、万能。
手羽先	よく煮込むほど、コラーゲンがとれます。
豚肉	試合が近い時の鍋の具におすすめ。

JAの勝ちごはん ブリしゃぶのおもな材料

写真1

ブリしゃぶ

材料〔ブリしゃぶ〕
ブリ、エノキ、シイタケ、ニンジン、コマツナ、ネギ
材料〔タレ〕
ポン酢、アサツキ、干しエビ、黒ごま、すり下ろしニンジン

 ◀次ページにつづく

栄養価で比較する場合は、たんぱく質の多いものを選びます。比較すると、商品によっては意外に糖質量が多いものがあることがわかります。これは小麦粉や甘味料が多く使われているためです。「イワシが皮ごと使われているもの」や「軟骨入りのもの」などを選ぶようにしましょう。コラーゲンがとれます。

そして〆ですが、少量のチーズを加えれば、栄養素はもちろん満腹感も得られます。また、キムチを加えれば、ニンニクや乳酸菌がとれます。疲労感が強い場合や、なかなか食がすすまない時などのアクセントにも使えます。

JAの勝ちごはん おろし鍋のおもな材料

おろし鍋

材料

具はタラ、アサリ、練り物２種、高野豆腐、シメジ、マイタケ、ニンジン、チンゲンサイ、ネギ、しらたき、大根

ワンポイントアドバイス

タラやアサリ、高野豆腐は、高たんぱく質食材。ジュニアアスリートに多く必要な鉄やカルシウムなどが豊富。

写真1

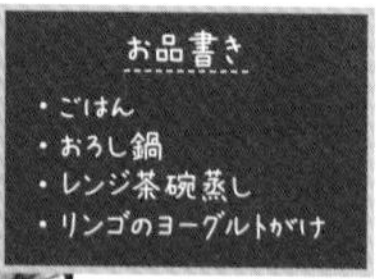
お品書き
・ごはん
・おろし鍋
・レンジ茶碗蒸し
・リンゴのヨーグルトがけ

鍋では満腹感が得られない時は、電子レンジで茶碗蒸しを。卵1個、だし汁100～180ml、しょう油少々を耐熱皿に入れて軽くラップをし、電子レンジで加熱するだけ。

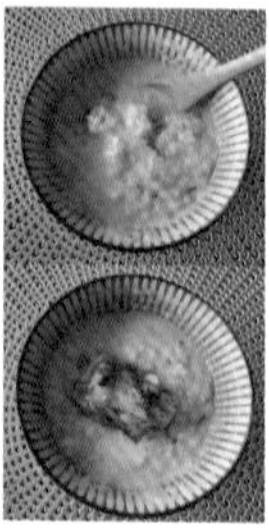

〆のごはん。キムチを加えれば、ニンニクや乳酸菌がとれる。

Chapter 6

季節〔秋〜冬〕❹ 栄養素が高い旬の食材をとり入れよう〔秋〕

キーワード

秋　旬の食材　青魚　リーフレタス　EPA　DHA

＊秋の魚をとろう

青魚は、アスリートだけでなく、一般の人の健康維持にもすすめられています。ＥＰＡやＤＨＡという栄養素を聞いたことがありませんか？

この2つは、魚の脂質のことです。脂質は太ると避けられがちですが、そうとも限りません。肉の脂身やバターに含まれる脂質と違って、魚の脂質は運動時にはどんどんとりたい脂です。

青魚の**「イワシ」には、そのＥＰＡやＤＨＡが多く、特に、ＥＰＡが多いことが特徴**です。さらに安価。

ＥＰＡを摂取すると、赤血球が柔軟になり、それによって持久力が上がったり、筋肉の炎症もおさえられることがわかっています。すぐに呼吸が上がったりケガが多いジュニアアスリートは、ＥＰＡがとれるイワシを意識して多く食べましょう。

魚は調理だけでなく、匂いが気になり、敬遠する人もいます。実際に食事のアドバイスをしているプロアスリートの奥さんでも、匂いを気にする人がいました。でも、お店で魚を細かい状態に加工してもらうことで調理がしやすくなり、そこから料理が好きになった人もいます。

◀次ページにつづく

ちょっとしたことですが、食事は継続することが大事です。特にこの**EPAやDHAは、できれば毎日摂取したい栄養素**でもあるので、どうしたら継続してとり入れることができるのか、工夫したいものです。

＊イワシとリーフレタスは最強の組み合わせ

ここで紹介する「イワシハンバーグ」は、**筋肉だけでなく、骨や血液などをつくるために必要な栄養素が豊富。**そして何といっても、その栄養素の吸収を高めるために必要な**ビタミン類などがとれることも利点**です。ビタミンB_6やビタミンB_{12}、葉《よう》酸《さん》、ビタミンD…と、栄養価も高いのです。さらに添えるレタスを上手に選びましょう。

レタスにはさまざまな種類があります。ここではリーフレタス（サニーレタス、フリルレタス、グリーンカール、サラダ菜など）を使っています。実は、レタスは種類によっては緑黄色野菜であることを知っていますか？

「可食部100グラムあたり、カロテン含有量600マイクログラム以上を含む」と緑黄色野菜になるのですが、レタスの中でもリーフレタスは、緑黄色野菜に分類されるのです。**葉酸や鉄なども比較的多くとれるので、ぜひサニーレタスやサラダ菜を普段から使いましょう。**

＊旬の食材「キノコ」「カキ」「リンゴ」

食事でたんぱく質をとっているのに思うように体が大きくならない時は、「キノコ」をとってみましょう。キノコはビタミンDが豊富で、特にシイタケ、キクラゲがおすすめです。

ちなみに生シイタケは、日光に30分ほど当ててから食べると、ビタミンDの量が増えます。さらに、**油と一緒にとると吸収が高まる**ので、ここで紹介する「キノコのマ

JAの勝ちごはん 旬の食材レシピ

「イワシハンバーグ レタスソースがけ」。イワシの脂肪とサニーレタスのカロテン、鉄、葉酸は、ジュニアアスリートにとって最強の組み合わせ。

イワシハンバーグ レタスサラダソースがけ

材料

イワシ	2尾
木綿豆腐	1/2丁
ショウガ	1片
A卵	1個
酒	小1
味噌	大1
片栗粉	大3
油	小1

材料（レタスサラダソース）

サニーレタス	4枚
ミニトマト	6個
豆モヤシ	20g
キムチ	30g

つくり方

❶ 豆腐は水切りをしておく。
❷ イワシは3枚におろし、細かくたたく。
❸ ショウガはすり下ろし、汁をしぼる。
❹ ボウルに❶、❷、❸のすべてとAを入れてよく混ぜたら、形をつくる。
❺ フライパンに油をひき、❹を焼く。
❻ サニーレタスはちぎり、トマトは半分に切り、豆モヤシとキムチを和えて、ソースをつくる。
❼ 皿に❺を盛り、❻をかける。

ワンポイントアドバイス

手順❷の時、すり鉢やミキサーなどでペースト状にすればなお◎。手順❹はビニール袋に入れてもんでもOK。

 ◀次ページにつづく

リネ」のように、油を使うことがコツ。

体脂肪を気にするアスリートには、よくキノコをとらせて、その食物繊維の効果で満腹感を出すなどの活用をさせていますが、**体脂肪を落としながら筋肉や骨などをつくる場合も、キノコはおすすめの食材**です。

それとカキ。カキは年中出回っているように感じる人もいると思いますが、日本に流通しているのは岩ガキと真ガキの2種類で、秋に旬となるカキが、真ガキ。**カキの栄養素は、何といっても亜鉛が多い**こと。亜鉛が不足すると、味が感じにくくなるなどの味覚障害につながることは有名です。さらに実は、**傷の回復にも影響する栄養素**なのです。すり傷がたえない競技のジュニアアスリートは、ぜひとりましょう。

また、ビタミンB_{12}が多く、鉄やたんぱく質も含むので、**貧血や、これから走り込みなどで体を強化する場合にもおすすめ**です。今回は「カキとホウレン草のキッシュ」で、さらに鉄などがとれるようにしました。

カキは、好き嫌いが大きく分かれる食材ですが、調理法を変えると食べられることがあります。意外とアレンジしやすいことも特徴なので、いろいろとチャレンジしてみましょう。

そして、リンゴ。柑橘《かんきつ》系の果物と比べると、ビタミンCが少ないのですが、**ポリフェノールと食物繊維がとれます。**今回はギリシャヨーグルトを使い、たんぱく質とカルシウムをとりやすくし、高強度の練習にもたえられるようにフルーツヨーグルトにしました。**ヨーグルトは吸収のよいカルシウムの補給だけでなく、腸内環境にもよい影響を与える**といわれます。1つのヨーグルトばかりでなく、いろいろな種類のヨーグルトを食べることがおすすめです。

JAの勝ちごはん 旬の食材レシピ＆おもな材料

お品書き
- キノコのマリネ
- リンゴのヨーグルト
- ごま入りバゲット
- 手羽と根菜のスープ
- カキとホウレンソウの豆乳キッシュ

カキとホウレンソウの豆乳キッシュ

材料

カキ	6個
ホウレンソウ	150g
タマネギ	1/4個
油	小1/2
豆乳	1/2カップ
卵	2個
塩	少々
こしょう	少々
チーズ	30g

つくり方

❶ ホウレンソウは3センチほどの長さに、タマネギは粗みじん切りにしたら油を熱したフライパンでさっと炒め、冷ましておく。

❷ 耐熱皿に卵と豆乳を入れてよくかき混ぜたら、❶とカキを加え、塩とこしょうで調味する。

❸ ❷の上にチーズをのせて、180度に熱したオーブンで15分ほど焼く。

キノコのマリネ

おもな材料

シイタケ、エノキ、マイタケ、大豆、オリーブ油、酢

手羽と根菜のスープ

おもな材料

手羽中、ニンジン、レンコン、ジャガイモ、ナス、オクラ

※食物繊維の多いレンコンをとり入れる

Chapter 7

食品❶ ジュニアアスリートの上手な肉のとり入れ方

キーワード

牛肉　豚肉　鶏肉　野菜　海藻

＊肉料理好きは多い

トップアスリートに好きなメニューを聞くと、毎年上位に上がるのが肉料理です。生姜焼きやハンバーグ、肉野菜炒め…といった定番の洋食メニューから、外食の場合は焼肉や焼き鳥が人気です。

＊「アスリート＝鶏肉」ではない

「アスリートにとって、いちばん適した肉は?」という質問をすると、多くの人が鶏肉といいます。そもそも、何が適しているのか漠然とした質問なのですが、結論からいえば「アスリート＝鶏肉」は正解ではありません。

有名なトップアスリートが「〇〇を食べている」というと、気になるジュニアアスリートも多いと思います。でも、ある1つの食材だけ同じように食べたからといって、そのトップアスリートのようにはなれません。その食材が**ジュニアアスリートにとって必要かどうかが大事**なのです。

＊目的によって肉を使い分ける

どんな時にどの肉を選ぶかです。

●「A牛肉」を選ぶ時

比較的、鉄が多く含まれます。女性ジュニアアスリートや貧血が気になる時、バスケットボールやバレーボールのようにジャンプが多い競技、走り込みが多い練習を行う時には、とり入れましょう。

●「B豚肉」を選ぶ時

主食を多くとる時には、ビタミンB_1補給にぜひとりたい豚肉。追い込んだ練習や、走り込みが多くエネルギーを必要とする競技、そして暑い時期もとり、夏バテ予防につなげます。

ちなみにビタミンB_1は、ニンニク注射や疲労回復サプリメントには必ず入っている栄養素。そのようなものを使わなくても「疲れたら豚肉」をとりましょう。

●「C鶏肉」を選ぶ時

高たんぱく低脂肪、そしてビタミンB_6やビタミンKをとるなら、むね肉（皮なし）やささみを。体操やフィギュア、柔道やレスリングなど、ウエイトコントロールをしたり、トレーニングでは体幹トレーニングや筋肉トレーニング時も最適です。

さらに**鶏肉には、疲労回復に効果的なイミダペプチドも含まれます。鶏むね肉100グラムほどで一日の必要量**がとれます。高強度の体づくりのトレーニング時はぜひ選びましょう。

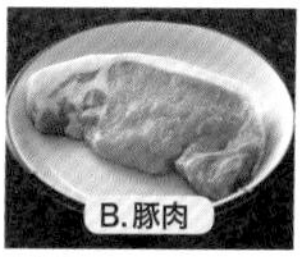

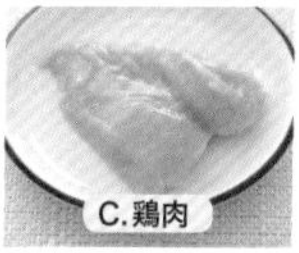

肉を食べる時は、野菜や海藻なども一緒にとり、腸内環境を悪化させない。

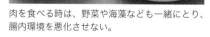

Chapter 7

食品❷ ドライフルーツとナッツの上手なとり入れ方

キーワード

ナッツ　ドライフルーツ　脂質　糖質注意

＊ナッツやドライフルーツばかり食べてもダメ

最近、ナッツまたはドライフルーツを間食でとり入れているというアスリートが多いです。ところがです。なぜ自分がナッツを食べているのか、そもそもナッツなどに含まれる栄養素などをまったく知らないアスリートが多いことも事実で、そのせいで「体重が増えてきた」「顔にニキビが増えた」という悩みが出るのは容易に想像ができます。

なぜなら、**ナッツもドライフルーツも高エネルギー食品。ナッツは脂質が多く、ドライフルーツは糖質が高い**のです。減量するために油をおさえた食事をしているアスリートが、なぜかナッツは特別だったり、糖質をおさえた食事をしているアスリートが、主食はひかえめにしているのにドライフルーツは制限なく食べるのは、「なぜ、食べるのか？」という理由が理解できていないからです。特にドライフルーツは血糖値を上げやすく、体脂肪を気にしている時はNG。ナッツもドライフルーツも運動量が多い時や、食事が思うようにすすまない時など、状況におうじて適度な量にとどめましょう。

＊ナッツやドライフルーツを食事に上手にとり入れる

運動量が多い時は、食事にナッツやドライフルーツをとり入れて、手軽に栄養補給しましょう。

今回紹介するメニューの主菜「ガイヤーン」は、タイ料理です。ガイは鶏肉、ヤーンはあぶり焼きという意味で、つまりガイヤーンとは「タイ風焼き鳥」のことなのです。ニンニクやナンプラーなどを使うため、香りでも食欲をそそるのですが、ピーナッツをくだいたものをソースにすることで、普段の鶏肉に深みが出て、満腹感を感じやすくなります。さらに、このソースに今回は干しエビも使っているため、成長期のジュニアアスリートに多く必要なカルシウムもしっかりとれます。

また、ガイヤーンに添えるごはんは、パセリやレーズンをのせます（混ぜてもよい）。パセリやレーズンは鉄を含む食材で、ジュニアアスリートにとっては多く必要ですが、とりにくくて吸収されにくい栄養素でもあります。白米だけでなく、この**ちょっとしたプラス食品が、実はジュニアアスリートの体づくりには大きな影響をもたらす**のです。

さらに、横にレモンを添えているのは、単なるかざりではありません。これはガイヤーンに絞るのですが、一緒に食べるごはんの鉄は、ビタミンCで吸収が高まります。このかざりのように見えるレモンにも、実はしっかりした意味があるのです。

ただし、ジュニアアスリートにはそのことを教えないと、手をつけない可能性もあります。レモンに限らず、パセリやシソなど、**一見かざりに見える野菜にも、ジュニアアスリートにとって必要な栄養素を多く含んでいる**ことは、教えてください。

 ◀次ページにつづく

最後に、ナッツやドライフルーツの上手な選び方も紹介しておきましょう。これらはツヤを出すために、オイルをコーティングしていることが多いです。ですから、ナッツやドライフルーツを買う際は原材料をよく見て、**「植物油」などのオイルを使用していないものを選ぶ**ようにするとよいでしょう。間食でこれらをとりすぎてしまっていたり、もしくは食べすぎてしまうようであれば、いったん間食でとるのはやめて、練習量が多い時だけ、こうした食事でとるようにすることも1つの方法です。

column

「なぜ」と疑問を持つことが大切

健康ブームで話題になる食材について、トップアスリートの中にもテレビや雑誌などの情報から「〇〇って体にいいんでしょ？」と話してくることがあります。こういう時には「なんでいいの？」と逆に聞くようにしています。正解かどうかは別として、理由がいえるようならばまだいいのですが、返答につまるようならばそこを指摘します。いいというからいい、というのではなく、この「なぜ」という疑問を持つことが、食事に限らず、スポーツがうまくなることには必要なのです。

また、「〇〇がいい！」というような、ある食材1つだけですべてがよくなることはありません。1つの食材だけでは栄養素が偏ることはわかるでしょう。食事は、自分に必要なものを見極めて目的に合わせてとることが大事なのです。

JAの勝ちごはん ドライフルーツ＆ナッツレシピ

お品書き
・レーズンごはん
・ガイヤーン ピーナッツソースがけ
・サラダ
・卵と豆のスープ
・フルーツ
・ヨーグルト

ガイヤーン ピーナッツソースがけ

材料

鶏もも肉……100g
塩……少々
こしょう……少々
Aニンニク……1片
　ナンプラー……大1
　はちみつ……大1/2
　レモン汁……大1
油……小1

ピーナッツソース

ピーナッツ……30g
B干しエビ……1g
　ナンプラー……大1
　レモン汁……大1
　油……小1
レモン(添える)……1/8切

つくり方

❶ 鶏肉に塩、こしょうを振っておく。ニンニクはつぶす。
❷ ボウルに❶とAを入れて、もみ込んでおく。
❸ フライパンに油を熱し、❷を焼く。
❹ ピーナッツを砕いたら、Bと合わせてソースをつくる。
❺ 皿に❸を盛って❹をかけたら、レモンを添える。

かざりに見える野菜にも
しっかり意味があるんだよ

Chapter 7

食品❸ 常備しておくと便利な食品13

キーワード

常備食品　便利食品　冷蔵　冷凍

＊常備食品を料理にプラス

今回は普段の料理にプラスするだけで、ジュニアアスリートに必要な栄養素がとれる料理に早変わりする、常備しておきたい万能食品を紹介します。

＊常備しておくと便利なたんぱく質食品

ジュニアアスリートにとって多く必要なたんぱく質。普段は、ジュニアアスリートの分だけ肉の量を増やしたりしている家庭もあるかもしれませんが、それでもその日の練習量が多かったりして、用意した分では足りないこともあると思います。

そこで、冷蔵庫にまず常備しておきたいものが、表1の❶～❾です。

常備しておきたい万能食品は
料理をつくる保護者の
強い味方でもあります
SEAFOOD
とうふ

❶～❸は**植物性たんぱく質**。アスリートの食事は、どちらかといえば動物性たんぱく質が多くなりがちなので、常備しておいて食事が足りない時や、料理にプラスしてアレンジする、などしてみましょう。肉野菜炒めに豆腐を加えて炒めたり、牛乳を使ったシチューを豆乳に変えるのもいいです。**豆には筋肉に必要なミネラルの1つ、マグネシウムも多く、便秘の解消に必要な食物繊維も豊富**です。

❹～❽は動物性たんぱく質。卵や乳製品は常備している家庭も多いことでしょうが、❽はどうでしょうか。これは魚が主成分です。魚というと焼き魚や刺身など、少しハードルが高いと思われがちですが、そういうわけでもありません。ただし、**原材料にしっかり魚が表示されているもの**を選びましょう。

❾と❿はクエン酸と塩分を多く含みます。「塩分＝梅干し」は認知されていますが、意外なことに、トップアスリートの中でも「キムチ＝塩分」との発想がないようです。また、**キムチは塩分補給だけでなく、白菜や大根などの野菜もとれる利点**があります。そのため、肉や魚介類などの主菜にキムチを加えて調理するだけで、野菜と塩分が簡単にプラスできるのです。

表1 冷蔵庫に常備しておきたい食品

分類	区分	食品
タンパク質	豆	❶ 豆腐
		❷ 納豆
		❸ 豆乳
	卵	❹ 卵
	乳製品	❺ チーズ
		❻ ヨーグルト
		❼ 牛乳
		❽ 練り製品（・ちくわ ・かまぼこ ・はんぺん）
クエン酸・塩分		❾ キムチ
		❿ 梅干し
冷凍食品		⓫ 冷凍枝豆
		⓬ 冷凍シーフードミックス
		⓭ 冷凍ブロッコリー

 ◀次ページにつづく

＊常備したい冷凍食品とは

冷凍庫に常備しておくと便利なものには、⑪〜⑬があります。

⑪と⑫は体づくりのたんぱく質だけでなく、疲労回復のビタミンB_1やタウリン、鉄なども含みます。買い物に行けない、もしくはメニューを1品プラスしたいなど、先述した冷蔵庫に常備しておくと便利な食品と組み合わせて「シーフードのキムチ炒め（⑨＋⑫）」や「枝豆入りスクランブルエッグ（④＋⑦＋⑪）」など、サッとつくることができます。

⑬は**ビタミンB_6やビタミンCなどの栄養素だけでなく、料理にアレンジしやすい**からです。温野菜だけでなく、炒め物やチーズをのせてグリルするだけでも、しっかりした1品になります。

まだまだ常備するとジュニアアスリートに必要な栄養素がとれる便利な食品はありますが、まずはここで紹介した❶〜⑬をそろえてみてはいかかでしょうか。

料理にプラスしたり、組み合わせて料理するなど、いろいろ活用してください
キムチ
SEAFOOD

Chapter 7

食品④ 家計に優しいコストパフォーマンスの高い食品

キーワード
コスパ高い　納豆　切り干し大根　ぬか漬け　海藻

＊家計に優しく、栄養効果も高い食品とは？

ジュニアアスリートの食事をつくる際、ひと月のおおよその食費代を決めている家庭は多いと思います。

いくら体にいいからといって、あれもこれもと購入はできませんよね。また、プロアスリートや日本代表アスリートでさえ、全員が食費にいくらでもかけられるというわけではありません。ユニホームやシューズ、交通費などスポーツをするためには食費だけでなく、いろいろお金がかかります。

おすすめ❶「納豆春巻き」

春巻きの具は、安価で日持ちする、納豆と切り干し大根です。普段はどちらも副菜のような脇役になりがちですが、春巻きにすれば主菜に早変わり。

納豆は3パック100円以下で購入することもできますが、**1パックに含まれる体をつくるたんぱく質は、約6・5グラムです。これは、主食の肉料理などの約⅓量、焼き魚の半分量**にあたります。手軽にたんぱく質の補給ができる救世主です。納豆についている辛子も隠し味として使います。

切り干し大根は、これは購入しても使いきれずに困ったことはあ

次ページにつづく

りませんか？　カルシウムなどのミネラルの宝庫なので、毎日でもとり入れたい食品の1つですが、いつも煮物ではあきてしまうでしょう。切り干し大根はみじん切りにして春巻きの具に混ぜることで歯ごたえを出します。そしてアサツキをのせたり、おろしポン酢をかけることで、ビタミンなどの補給ができ、消化を助けるなどの作用も得ることができるのです。

　また、大根の葉を春巻きの具やタレに使用しています。大根の葉は、大根の白い部分よりもビタミンCや葉酸《ようさん》など、ジュニアアスリートにとって必要な栄養素が含まれています。よく大根が半分に切られて売っていますが、葉がついているものを購入した方が、コストパフォーマンスは高いです。

おすすめ❷「ぬか漬け」

　少し前に、アスリートの中でぬか漬けブームが起こりました。ぬかに漬けることで野菜のビタミンB群の量が増え、特にビタミンB_1は豚肉の3～5倍になります。米とぬか漬けは理想的な組み合わせなのです。

　特におすすめは、ニンジンやカブ。カブは先述した大根の葉と同じく、葉酸が豊富。ぜひ捨てずに使ってください。

　そして、乳酸菌もとれます。これを機に、自宅でぬか漬けをつくれば、理想的な1品がすぐに手に入ります。

ぬか漬けは、ビタミンB1がとれる副菜。

JAの勝ちごはん コスパ&栄養価が高いレシピ

お品書き
・ごはん
・豚肉のスタミナ味噌炒め
・納豆春巻き
・ぬか漬け
・もずくスープ
・キウイ

納豆春巻き

材料

納豆……1パック
切り干し大根……5g
大根の葉……10g
辛子……適宜
(納豆のパックについているもの)
春巻きの皮……2枚
油……適量
A 大根……20g
パセリ……5g
ポン酢……大2

つくり方

❶ 切り干し大根は水でもどしておく。
❷ ❶と大根の葉、パセリはみじん切りにする。Aの大根はすり下ろす。
❸ ボウルに納豆と切り干し大根、大根の葉、辛子をよく混ぜたら、春巻きの皮で巻く。
❹ ❸を油で揚げる。
❺ Aを混ぜて、タレをつくる。
❻ 皿に❹を盛り、❺をかける。

コスパも栄養価も高いなんて、
ジュニアアスリートの味方だね!

Chapter 7

食品⑤ 漬け物は疲労回復とコンディション維持に必須

キーワード
漬け物　疲労回復　コンディション維持　植物性乳酸菌　塩分補給

＊植物性乳酸菌がとれる

漬け物は、野菜などを塩や酢、酒粕などと一緒に漬け込んだものです。塩分が高いと敬遠されるかもしれませんが、野菜がとりやすく、マリネのような酢漬けに近いものもあります。

漬け物を食べて腸内環境をよい状態にすることも、風邪などのコンディション不良の予防につながります。特に発酵した漬け物に含まれる乳酸菌は、植物性です。**ヨーグルトなどの動物性乳酸菌とは少し異なる働き**をするといわれているので、プロアスリートには両方の乳酸菌をとるようすすめています。

＊漬け物も目的で選ぶ

ぬか漬けは特におすすめです。詳しいことは（P110）で説明した通りです。梅干しは、塩やシソなど、原材料が少ないものを選ぶのがおすすめ。

キムチは、白菜や大根を中心に、ニンニクやニラ、リンゴなどの果物、唐辛子と普段の食事でもとり入れたい食材が使われています。疲労回復や体を温める効果が高く、しかも発酵食品。

ニンニクのみそ漬けも疲労回復に使えますが、ニンニクは消化に個人差があります。食べるとすぐにおなかが緩くなるジュニアアスリートは、疲労時にはむしろひかえたい食材。ちなみに、**キムチのニンニクは発酵しているので、単純にニンニクを食べるより刺激が少なくなります。**ナスの浅漬け、赤カブの酢漬けは、色が鮮やかです。

なじみのない原材料が含まれている場合には避けた方がよいですが、上手に選べばマリネなどの代わりにもなります。

ただし、**浅漬けは漬物の中では食中毒が起こりやすい**ため、とるタイミングには注意し、試合前は、避けた方がよいでしょう。

＊アレンジもできる

漬け物は味がついているので、調味料の代わりにもなります。もちろん野菜もとれるので、アレンジするならばたんぱく質や鉄、ビタミンDなどが多いものと組み合わせましょう。

たとえば、アサリ（むき身）やサーモンを、漬け物で和えてはどうでしょうか。練習強度が高い場合などの栄養素の補給にぴったりで、疲れから食欲が落ちるのを防げます。

アレンジする漬け物は、キムチなどの発酵したものや、カルシウムの多い高菜などがおすすめです。ちらしずしや手巻きずしの具としても使えますし、丼にしたり、サラダやおひたしなどのドレッシング代わりにも使えます。

漬け物も特徴を生かして、目的によって上手にとり入れたいものです。

アサリとサーモンの漬け物和え

タンパク質、ビタミンD、カルシウム、鉄、乳酸菌などがとれる、漬け物アレンジ例。好みのキムチと高菜、アサリ、サーモンを和えたもの。写真の漬け物は、松前キムチ（上）と高菜（下）。

Chapter 8

体重❶ 油っこいものや主食だけの増量はNG

キーワード

体重増量　たんぱく質　筋肉量増

＊増量は脂肪ではなく筋肉で増やす

増量は、柔道やレスリングなどの階級別の競技だけでなく、体重を増やすことでパワーがつくため、野球やラグビーなどでも増やすように指導されることがあります。

また、食事をしているのになかなか体重が増えない、体が大きくならないと悩んでいるジュニアアスリートにとっては、どんな食事をしたら体重が増えるのかは大きな悩みです。単純に体重を増やすだけならばエネルギー量を増やせばよいので、次のようにすればすぐに解決します。

❶とにかく食べる量を増やす
❷脂質を増やす
❸食べやすい主食（ごはん、うどん、パスタ、パンなど）を増やす

とんかつや唐揚げなどの油っこいものや、もしくはラーメンとごはん、パスタとパンなど、主食中心の食事は太るからと一般の人でも避けているように、これらの食べ方で簡単に増量することができることはわかるでしょう。

でも、ジュニアアスリートの場合は違います。増量は**「脂肪ではなく、筋肉量を増やす」**ことが、パフォーマンスのアップのためには大切なのです。脂肪で増量して

しまっては、重い石を持って動くことと一緒で、体にキレがなくなるどころかケガの原因にもなりかねません。

＊体脂肪で増量する危険

部活動などで体を大きくするために、どんぶり飯10杯など、**とにかく米を食べることで短期間に増量することは、ジュニアアスリートに限らず、成長期の子どもにとっては危険**です。米の糖質は、とりすぎると体脂肪となり蓄積されます。この年代の体脂肪は脂肪細胞の増加によるもので、リバウンドしやすくもなります。

保護者の中には、主食などの米ではなく、肉や魚などのたんぱく質を増やすことはお金がかかる、つくる手間がかかるなどするため、継続することが難しい時もあるでしょう。また、指導者も「1日ごはん○杯食べる」と選手に伝えた方がわかりやすい、ということもあるかもしれません。でも、ジュニアアスリートの増量は脂肪ではなく、除脂肪量の増加を目標にしましょう。

＊増量におすすめの食事❶

写真1の食事には、たんぱく質を多く含む食品が複数（鶏肉、チーズ、サンマ、豆腐）使われています。たとえば「チキンと赤野菜のチーズグリル」のように、1品の中に鶏肉とチーズといった、たんぱく質を2種類使ったようなレシピは、増量中にはおすすめです。

また、たんぱく質を増やした場合、**野菜量も増やす**ようにしましょう。

写真1

お品書き
・ごはん　・チキンと赤野菜のチーズグリル
・パセリとレタスのバルサミコ酢サラダ
・焼きさんま 大根おろし添え
・キノコと野菜のみそ汁　・柿

なかなか体重が増えないジュニアアスリートの場合、がんばって食べるとすぐにお腹が痛くなってしまうこともあります。味噌汁の野菜や大根おろしなどは、そうした症状や体質を変えることにもつながります。

　それから食事がすすむように、特に発汗がある場合は、少し味つけを濃くしてもよいでしょう。

写真2

＊増量におすすめの食事❷

　写真2は鶏むね肉が主菜の食事です。「鶏むね肉の竜田揚げごまケチャップソースがけ」は、鶏むね肉のパサつきをおさえる工夫をしています。まず、**肉をたたきましょう**。厚さを均一にする、味をしみ込みやすくするだけでなく、**繊維を切ることが目的**です。切る場合も、鶏むね肉の繊維を切るように包丁を入れてください。たったそれだけですが、食感が驚くほど変わります。

　また、油で揚げることで、パサつきをおさえてしっとりさせますが、さらにソースを工夫しています。このゴマダレソースは、エネルギーだけでなく、ビタミンやミネラルがとれるすぐれもの。

　なお、ケチャップは糖質を多く含むのでエネルギー補給が手軽にできますが、原材料に野菜を多く使っているものを選ぶのがコツ。

　「シーフードココット」は、卵の鉄やビタミンB_{12}、ビタミンDなどと、シーフードやホウレンソウなどで鉄や葉酸《ようさん》を補給できるため、貧血の予防回復にも効果的。シーフードだけでなく、前述した鶏むね肉を使ったり、大豆の水煮や高野豆腐などを使ったり、手軽にアレンジできます。
「ちゃんぽんうどん」は、**練習量が多くなって食欲が落ちやすいジュニアアスリートの増量時には、とても使いやすい**です。この食べやすさを利用して、糖質が多い麺類は具だくさんにして、たんぱく質やビタミンが補給できるようにしましょう。また、あんかけにすると、食べやすくなることがあります。寒い時はあんかけにすると料理が冷めにくくもなるので、気温やジュニアアスリートの様子を見ながら使い分けするとよいでしょう。

column

増量の危険なノルマ どんぶり飯1日10杯

野球やラグビーなどでよく聞くチームノルマ。ごはん茶わん10杯をおにぎりにすると約2500キロカロリーで、そのほとんどが炭水化物。この2500キロカロリーを肉や魚などのおかずでとると、次のようになります。

- **肉…鶏むね肉（皮なし）×500グラム**
- **魚…サケ×300グラム**
- **卵…卵×5個**
- **乳製品…ヨーグルト×1パック／チーズ×5切れ**
- **大豆製品…豆腐×2丁／納豆×3パック**

これらはたんぱく質を多く含む肉・魚・卵・乳製品・大豆製品の5種類をすべてそろえた2500キロカロリーの量です。つまり、同じエネルギーでもとれる食品がこんなにも違うのです。2500キロカロリーすべてをおかずでとるわけではありませんが、高校時代の増量が糖質過多からの脂肪によるもので、成人になってから肥満や糖尿病で悩む元ジュニアアスリートもいます。気をつけてください。

 ◀次ページにつづく

JAの勝ちごはん 増量レシピ

チキンと赤野菜のチーズグリル

材料

鶏むね肉……150g
塩……少々
こしょう……少々
ニンニク……1片
赤パプリカ……1/4個
ミニトマト……3個
ピザ用チーズ……50g

つくり方

❶ 鶏肉はフォークで穴をあけ、味がしみ込みやすいようにし、食べやすい大きさに切る。ニンニクはすり下ろす。パプリカはみじん切り、ミニトマトは半分に切る。

❷ 鶏肉に塩、こしょうを振り、ニンニクをよくもみ込んでおく。

❸ 耐熱皿に❷をおき、パプリカ、ミニトマト、チーズをのせて、190℃に熱したオーブンで15分ほど焼く。

ちゃんぽんうどん

材料

うどん……2/3玉
豚もも肉……50g
ショウガ……適量
こしょう……少々
油……小1/2
かまぼこ……30g
ニンジン……20g
キャベツ……30g
シイタケ……1枚
ネギ……20g
Aだし汁……1.5カップ
　しょう油……大1
　酒……大1
　みりん……小1

つくり方

❶ ショウガはみじん切り、それ以外の材料は食べやすい大きさに切る。

❷ フライパンに油を熱したら、❶をすべて炒めてこしょうを振る。

❸ 鍋にAを入れて、うどんの汁をつくる。

❹ うどんをゆでる。

❺ 丼に❹→❸→❷の順で入れる。

鶏むね肉の竜田揚げ ごまケチャップソースがけ

材料

鶏むね肉	150g
ニンニク	1片
しょう油	大1/2
酒	大1
片栗粉	適量
油	適量
A 白いりごま	大2
ケチャップ	大2
しょう油	小1
水	大2
アサツキ	3本

つくり方

❶ 鶏むね肉をたたいたら、繊維を切るように食べやすい大きさに切る。ニンニクはすり下ろす。アサツキは小口切りにする。

❷ ボウルに鶏むね肉とニンニク、しょう油、酒を入れてよくもみ込んだら、片栗粉をつけて油で揚げる。

❸ Aを混ぜて、ソースをつくる。

❹ 皿に❷をのせ、❸をかける。

シーフードココット

材料

ホウレンソウ	1把
冷凍シーフードミックス	30g
バター	小1
卵	1個
豆乳	大3
塩	少々
こしょう	少々
ピザ用チーズ	30g

つくり方

❶ ホウレンソウは2センチほどに切る。

❷ フライパンにバターを熱し、❶とシーフードミックスをさっと炒める。

❸ ボウルに卵と豆乳、塩、こしょうを入れて、よく混ぜる。

❹ ココット皿に❷、❸、チーズの順に入れたら、190℃で熱したオーブンで10分ほど焼く。

鶏むね肉の皮をはがすと、
エネルギーが半分ほどになるよ
余計な体脂肪をつけずに
体を強化したい時は皮をはがして！

Chapter 8

体重❷ 減量時は調味料、油、糖質をチェック

キーワード

減量　調味料　油　糖質　野菜　海藻　食物繊維　貧血予防

＊食事を書いてみる

体脂肪を落としたい減量時は、**まず自分が食べているものを書き出してみましょう。**1日程度ではわかりにくいのですが、1週間ほど書き出してみると、意外に余計なものを食べていたことに気づくことがあります。野菜が少し足りない、同じものばかり食べている、などといったことから、実は食べていないつもりがかなり食べていた、とわかることもあります。

＊減量時に確認したい3つのポイント

そこで、**まず注目したいのが、調味料**です。ドレッシングやマヨネーズ、ソース、ケチャップなどを多く使っていませんか？

ソースやケチャップの甘さからもわかるように、これらから意外とエネルギーをとっていることがあります。調味料をひかえたり、調味料をかけなくてすむならば、できるだけ避けましょう。シンプルに塩、こしょうで味をつければ、余計なエネルギーをとらずにすみます。納豆についているしょう油も糖が含まれているので、避けてください。

次に**油をチェック**しましょう。

油はエネルギーが高いとわかっているのに、思わずフライパンに

ドーッと入れてしまって、面倒だからとそのまま使ったりしていませんか？　実際に減量したい女性ジュニアアスリートで、ちょっと使うつもりがいつもいっぱい出てきてしまい、そのまま使っているといっていたことがありましたが、これをふきとるだけでも相当なエネルギーカットになります。

　最後に、**主食の糖質**はとりすぎていませんか？

　運動するためのエネルギーとなる糖質は、主食をしっかりとるようにすすめられますが、減量時はこれを減らさないことには体重が落ちません。まずはいつも食べている量の⅓〜½程度にひかえてみてください。ただし、単純にいつものごはんを茶わんから減らすだけでは、減量時は空腹を感じたりすることがあります。そのようなことを予防するためには、リゾットやぞうすいのようにして、**水分や食物繊維の多い食品をプラスして量のかさ増しをし、満腹感を出すようにするのも1つの方法**です。

　また、**食物繊維は減量時に起こりやすい、便秘の予防や改善**にもつながります。野菜量を増やすのも1つですが、**キノコや海藻などは特におすすめ**です。

＊減量におすすめの食事❶

　リゾットやごぼうスープなど、満腹感を出しながら、低エネルギー、高たんぱくの食事です。減量時に注意したいのは貧血です。体重に目がいきがちになると、食事量を減らすことばかりを考えるようになり、**栄養素の偏りや不足が起こりやすくなります。**女性ジュニアアスリートの場合は、この貧血だけでなく、P13でふれた「三主徴」も意識してください。

 ◀次ページにつづく

お品書き

- トマトと桜エビのリゾット
- 豆腐キノコハンバーグ
  ホウレンソウ・ニンジン・切り干し大根のソテー添え
- ゴボウスープ
- グレープフルーツ
- ヨーグルト

JAの勝ちごはん 減量レシピ

トマトと桜エビのリゾット

材料

ごはん……50g
タマネギ……1/2個
ニンニク……1片
ツナ(ノンオイル缶)……1缶
桜エビ……大1
Aトマトジュース
　……1カップ
　水……1/2カップ
　コンソメ……1個
　塩……少々
　こしょう……少々
　ミニトマト……10個

つくり方

❶ タマネギとニンニクはみじん切りにする。ミニトマトは半分に切る。
❷ フライパンにタマネギとニンニク、ツナ缶を汁ごと入れて炒める。
❸ さらにAとごはんを加えて煮込んだら、桜エビを加える。

ワンポイントアドバイス

- 女性ジュニアアスリートの減量におすすめ。
- ごぼうスープで食物繊維。

＊減量におすすめの食事❷

減量したいトップアスリートがよくとり入れるのが「鍋」です。使う食材によって必要な栄養素を手軽にとることができます。今回紹介する「海鮮鍋」は、**高たんぱく質で低脂肪のエビと、同じく高たんぱく質でビタミンDを多く含むサケがメイン**です。ニンニクを使うと、体づくりを促進させることができますが、キムチを加えればニンニクを手軽にとることができ、さらに調味もできます。また、キムチの唐辛子はカプサイシンを含み、これは**体脂肪燃焼効果**もあります。減量したい時は、**キムチをベースにした鍋をとり入れましょう。**

たんぱく質を増やした際に多くとりたい野菜も、鍋にすれば多くの種類がとりやすいのも利点です。ネギやニラ、タマネギ、キャベツ、春菊、ニンジン…など、どんな野菜でも鍋には合わないということもなく、さらにキノコやしらたきなどの食物繊維が多いノンカロリー食品も、手軽にどんどんとることができます。

ただし注意したいのは、食べる量を把握すること。大きな鍋で家族と一緒に食べることもいいですが、減量時は食事の量を把握する必要があります。自分が食べる量を把握するため、一人用の鍋を使うこともおすすめです。

そして「キノコと根菜のごはん」。**白米に食物繊維の多いキノコや根菜を混ぜて炊くことで、血糖値を上げにくくします。**また、キノコや根菜を混ぜることで、白米の量を減らしても物足りなさを感じにくくする一工夫も。プロアスリートによっては、発芽玄米や雑穀米などを混ぜて炊いています。

なお、減量時は、リンゴを皮ごととることをおすすめします。疲労回復や、減量時の便秘を予防できるのです。

 ◀次ページにつづく

JAの勝ちごはん 減量レシピ

お品書き
・キノコと根菜のごはん
・海鮮鍋
・タマネギとパプリカのシーザーサラダ風
・リンゴ

海鮮鍋

材料

エビ……2尾
サケ……1切れ
木綿豆腐……100g
大根……100g
しらたき……50g
ネギ……1/3本
春菊……50g
だし汁……2カップ
キムチ……50g

つくり方

❶ 鍋にすべての具を入れて煮込む。

キノコと根菜のごはん

材料

精白米……1/2合
ゴボウ……20g
ニンジン……10g
シイタケ……30g
マイタケ……30g
ショウガ……1片
しょう油……大2
酒……大1
アサツキ……2本

つくり方

❶ 精白米をとぐ。
❷ キノコとゴボウ、ニンジン、ショウガは、せん切りにする。
❸ アサツキは小口切りにする。
❹ 炊飯器に❶としょう油、酒を入れて、1/2合の水加減になるようにしたら、❷を加えて炊く。
❺ 炊き上がったら茶わんに盛って、❸をちらす。

ワンポイントアドバイス

減量時におすすめの体づくりのたんぱく質は、サケ、エビ、豆腐。今回のようなキムチベース以外にも、しょう油や味噌の和風鍋や、トマトやカレー粉を使った洋風鍋、さらには牛乳や豆乳の和洋鍋など、具を変えずに変化をつけられます。プロアスリートが減量時に毎日食べてもあきないのがわかります。

Part 2

本番で最高のパフォーマンスを出す!「勝ちごはん」ノウハウ

試合期編

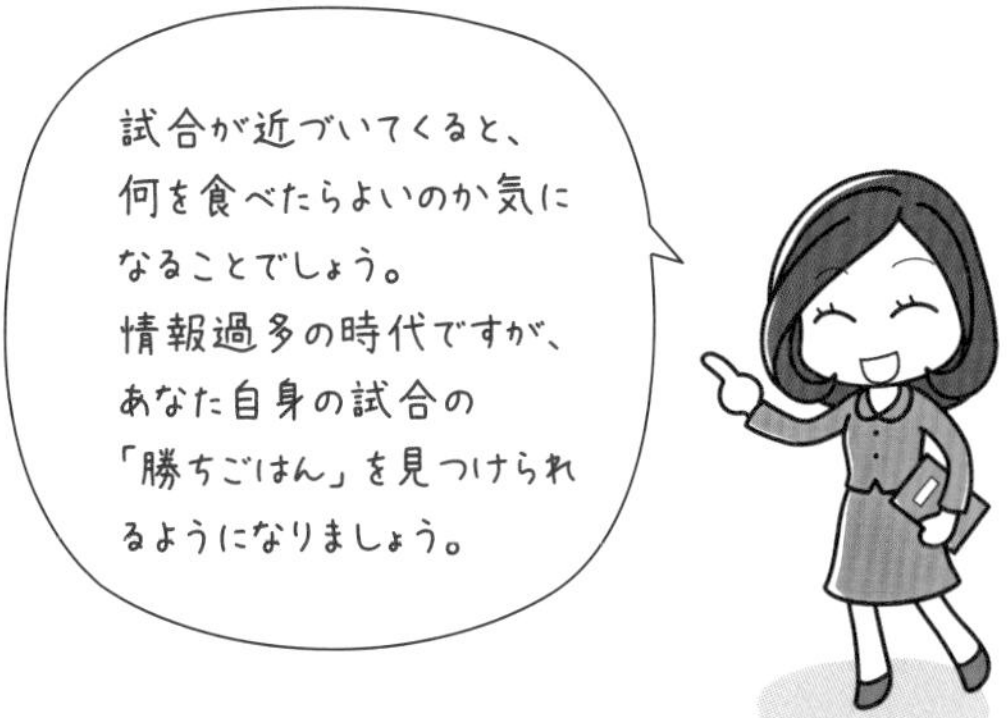
試合が近づいてくると、何を食べたらよいのか気になることでしょう。
情報過多の時代ですが、あなた自身の試合の「勝ちごはん」を見つけられるようになりましょう。

Chapter 1

試合前日～試合当日までの食事のヒントが満載!

勝ごはん! 試合メモ❶～⑳

*「ジュニアアスリートの勝ちごはん」を試合にしぼって解説

ジュニアアスリートの体の成長、心の成長の話を、ここでは試合にしぼって解説していきます。ジュニアアスリートはもちろん、保護者も試合が近づいてくると、何を食べたらよいのか気になるはず。ここでは「試合のための勝ちごはんメニュー」のヒントをたくさん紹介します。

誰もが試合に勝ちたいと思っています。そのために日々練習し努力してきたことを、しっかり試合で出すためには、試合前日と試合当日の食べ方を工夫します。自分なりの「試合メモ」を増やし、「試合ノート」で知識を深め、それらを実際にとり入れて、オリジナル「試合のための勝ちごはんメニュー」をつくりましょう!

試合で最高のパフォーマンスを出すためにも、自分なりの「勝ちごはん」を見つけましょう

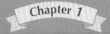

勝ちごはん　試合メモ❶

!試合開始時間の3時間半〜3時間前に食べる

食べる時間を気にしましょう。食べる時間を間違えるとお腹が痛くなったり、もしくはお腹がすいて動けないこともあります。基本は「試合開始時間の3時間半〜3時間前」を目安にしましょう。

たとえば、試合が10時からの場合、6時半〜7時に食べるようにするのです。普段の自分が食べる時間ではなく、試合当日は、試合時間を中心にいつ食べるのかを決めるのです。

勝ちごはん　試合メモ❷

!糖質中心の食事をとる

基本は消化に負担がなく、エネルギーになる糖質を中心にとります。糖質は、主食であるごはん、パスタ、うどん、パンだけでなく、果物にも含まれます。また、ジャガイモ、カボチャなど、糖質の多い野菜もあります。

勝ちごはん　試合メモ❸

!エネルギーとなる糖質が多いものを複数とり入れる

米と麺、パスタとパンのように、主食は複数とり入れたり、さらに麺に餅をのせる、果物をプラスするなどします。そうすると、エネルギーとなる糖質がとりやすくなります。また、1種類のみでとるよりも、吸収のスピードが違う、というメリットがあります。

勝ちごはん　試合メモ❹

!パンの特徴をつかむ

パンはバターを使用していない、バゲットやベーグルがおすすめ。脂質をおさえることができます。クロワッサンやカレーパン、揚げパン、蒸しパンは脂質が多いパンなので注意。サンドイッチなど、パンにはさむ具は、脂質をおさえながらでなく、ある程度のたんぱく質もとれるようにすること。

▼140ページ「試合ノート❹」へ

勝ちごはん　試合メモ⑤

ⓘ果物の特徴をつかむ

バナナ、オレンジ、ブドウ、柿、キウイ、パイナップルは糖質が多い果物。

試合当日だけでなく、普段食欲がなく思うように主食がとれない時や練習量が多い時は、果物からもエネルギーが補給できます。主食よりも食べやすく、水分やビタミン、ミネラルなども摂取できる利点があります。

試合前は糖質量だけでなく、クエン酸やビタミンCも大事。それらの補給は、グレープフルーツやオレンジなどの柑橘系やイチゴが最適です。

▼150ページ「試合ノート⑦」へ

勝ちごはん　試合メモ⑥

ⓘ中華麺のコツを知る

中華麺は、麺類の中でもっとも糖質が多く含まれます。ビタミンDやビタミンCなどが多い、サケやカボチャなどを一緒にとり入れるとよいです。

▼144ページ「試合ノート⑤」へ

試合メモが増えていくと、
試合に勝てる体になるよ

勝ちごはん　試合メモ⑦

ⓘ餅、ライスペーパー、ワンタンでも糖質補給

切り餅2切れとごはん1杯は、同等のエネルギー量。含まれる糖質も同等ですが、餅はごはんよりもすばやくエネルギーになりやすいです。1日に数試合行う場合や、トーナメント戦のように連日試合がある時は、餅もうまくとり入れると、エネルギー不足からのスタミナ低下を防げます。ライスペーパーやワンタンも、コンパクトに食品を包み食べやすくできるのでおすすめです。

▼147ページ「試合ノート⑥」へ

勝ちごはん　試合メモ⑧

!試合前は揚げ物は避ける

試合前は、消化に時間がかかる脂質は避けましょう。揚げ物はもちろんのこと、炒め油もひかえます。テフロン加工のフライパンを使って、できるだけ油は使わずに調理しましょう。

勝ちごはん　試合メモ⑨

!「網焼き」「蒸す」など、調理法も選ぶ

余計な脂質を避けるため、網焼きや蒸すなどの調理法も工夫しましょう。脂質を落とすと、パサついて食べにくい場合は、片栗粉などでとろみをつけるなどするのもおすすめです。

勝ちごはん　試合メモ⑩

!肉は部位を選ぶ

エネルギーとなる糖質とともに、ビタミンB_1はしっかりとりたいものです。豚肉がおすすめですが、その中でもバラ肉やひき肉よりは、もも肉やヒレ肉を選べば、脂質をおさえることができます。

勝ちごはん　試合メモ⑪

!豚肉とショウガをとろう

しっかりエネルギー補給をしているはずなのに、いまいち体にキレがない、疲れやすいなどというジュニアアスリートは、試合前日の食事でビタミンB_1をとりましょう。**写真1**（Ｐ１３０）の丼にのっている「豚の生姜葱そぼろ」は、ごはんの糖質がとりやすいビタミンB_1補給レシピです。もちろん、豚肉は脂身の少ない部位や、購入する際は赤身肉をひき肉にしてもらうとか、脂身の少ない部位を包丁でたたくなどして使用しましょう。

勝ちごはん　試合メモ⑫

!ニンニクの量に注意

試合前にニンニクをとると、下痢や胃痛を訴える選手もいます。試合だからと急に使いすぎないように。少しずつ量を増やすなど、ジュニアアスリートの体質やコンディションを考慮してとり入れましょう。

勝ちごはん　試合メモ⑬

❶食事からも水分を補給する

練習している時や、試合時に水分を補給するだけでなく、食事からも水分をとるようにします。**写真1**は、汁物とバナナジュースで、水分が補給できます。汁物の塩分やバナナジュースの牛乳からは、経口補水液と似た成分がとれます。

「JAの勝ちごはん」試合期メニュー

写真1

※つくりやすい量です。選手の体格などによって調整

豚の生姜葱そぼろ

材料

豚ひき肉	150g
タマネギ	1/4個
ショウガ	1片
だし汁	1/2カップ
Aしょう油	大2
みりん	大1
酒	小1
アサツキ	10g

つくり方

❶ タマネギはみじん切り、ショウガはすり下ろし、アサツキは小口切りにする。

❷ 鍋にだし汁とショウガを入れて沸騰したら、豚ひき肉とタマネギを加えて、炒め煮にする。

❸ 水分が少なくなってきたら、Aとアサツキを加えてさらに炒め、火を止める。

勝ちごはん　試合メモ⑭

!ミネラルは食事で補給

市販の経口補水液を使わなくても、食事でミネラルをしっかりとることができます。特にスープ類が使いやすく、ジャガイモなどの野菜や、味つけを濃くするなどすることがポイント。

勝ちごはん　試合メモ⑮

!しっかり加熱しよう

食中毒を防ぐため、肉や魚を調理する場合は、しっかり中まで火を通すこと。焦げないように火加減の調節をしたり、オーブンなどを使うこともおすすめです。

▼134ページ「試合ノート❶」へ

勝ちごはん　試合メモ⑯

!生卵に要注意

卵かけごはんをはじめ、半熟の状態でのオムレツなど、卵料理の火の通り具合にも注意しましょう。これまで大丈夫だったから！　という過信は捨てて、試合前は万全を期しましょう。

▼134ページ「試合ノート❶」へ

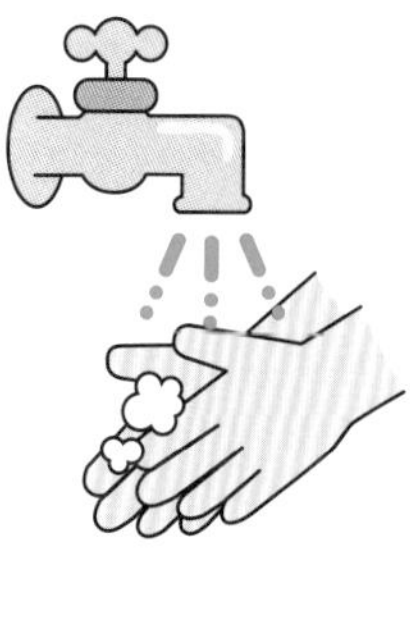

勝ちごはん　試合メモ⑰

!手洗いをしっかりしよう

調理する時、普段から意識している手洗い。夏などの暑い時期は、殺菌のハンドソープや爪ブラシを使うことをすすめます。絆創膏《ばんそうこう》などをしている人は要注意。おにぎりやお弁当などをつくる場合は、ラップやゴム手袋などを使い、手で触らないように！

▼134ページ「試合ノート❶」へ

勝ちごはん　試合メモ⑱

!旬のものをとり入れる

旬のものは栄養価が高いので、試合前でもとり入れたいもの。また、その時期しか食べられない食材もあります。栄養素だけでなく、食事で季節が感じられるアスリートになりましょう。

勝ちごはん　試合メモ⑲

!適度に冷たいものをとり入れる

暑い時期は、適度に冷たいものをとり入れましょう。ただし、氷やアイスなど、極端に冷たいものではないので注意。

勝ちごはん　試合メモ⑳

!本番前にシュミレーションをしてみる

実はこれはとても重要です。試合前は誰もが緊張するもので、普段通りの動きができるかが、ジュニアアスリートの場合は特に勝敗を分けることもあります。試合前だからと、突然いつもと違う食事をするのではなく、練習試合、もしくは普段の練習前に、あえて試合と同じ食べ方をしてみるのです。

そうすると、自分の適量などがわかり、たとえば「試合までにお腹がすくから量を増やそう」「おにぎりは1個にしてみよう」など、調整ができます。

練習試合のように、試合前食も練習してみるのです。

column

暑い時期の食事

● 大事なことはとにかく「食べること」

暑くなり始めの時期の方が、体にだるさを感じたりするジュニアアスリートも多いです。また、梅雨に入る時期は気温も大きく変化することがあり、体調を崩しやすかったりします。

まずこういう時に、何を食べるかが気になるところでしょう。でも、大事なことは気温の変化などにも負けない「食べること」です。

年齢が若いほど、食事にムラが出やすかったりします。「今日は食欲がないから食べたくない」もしくは「暑いとあまり食べられなくなる」と、体質的なことを理由にしがちです。

でも、そうではありません。練習がきついからと、今日は練習はやめますか？　暑いと体が動きにくいからと、練習を休みますか？　そんな選手はおそらくいないと思います。

食事も同じです。練習をがんばるように、運動したらどんなに暑くて食欲がない時でも、がんばって食べるのです。

私がこれまで栄養サポートを行ってきた日本代表選手・チームやプロアスリートは、体がしっかりしているだけでなく、ここぞという時の試合などで結果を出します。コンディションを崩しにくい選手は、どんな暑さの中で練習しても涼しい顔で食事を完食できる選手です。

だから成長期のジュニアアスリートは、スポーツ栄養の知識を身につけながらも、どんな気温の変化でも、また激しい練習をした後でも、出されたものをペロリと食べられるようになりたいものです。食事も練習と同様の気持ちで取り組んでもらいたいのです。

● ジュニアアスリートの自立心も育てる

気温や練習内容に左右されず、タイムが上がらない、監督に怒られたなどといった気持ちにも左右されずに、食事は強くなるための１つの要素として選手自身が思えるようにしたいものです。そのためには、保護者は食事でサポートするだけでなく、選手自身が強くなるんだという自立心を育てる支え方も大切です。

Chapter 2

年中「食中毒」には注意！

勝ごはん！ 試合ノート❶

＊食中毒は予防の3原則が大事

ジュニアアスリートは一年中、食中毒には注意したいもの。実は、食中毒は暑い時だけ起こるのではないのです。食中毒は、「細菌」や「ウイルス」、「有毒な物質」がついた食べ物を食べることで、下痢や腹痛、発熱、吐き気などの症状が出る病気のことです。

ちなみに、暑い時期に多いのは「細菌」によるもの。これを防ぐには、食中毒の特徴を知り、食中毒菌を**「つけない・増やさない・やっつける」予防の3原則**が重要。食中毒になり試合に出られない…ということにならないように注意しましょう。

①サルモネラ菌

十分に加熱していない卵・肉・魚などが原因になる。しっかり加熱することで予防できる。

例 生卵、オムレツ、牛肉のたたき、レバ刺し

特徴 食後6～48時間で吐き気、腹痛、下痢、発熱、頭痛などが起こる。

生卵をさわったらしっかり手を洗ってください

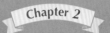

②黄色ブドウ球菌

ヒトの皮膚、鼻や口の中にいる菌。傷やニキビを触った手で食べ物を触ると、菌がつきやすくなる。加熱した後に手作業をする食べ物が原因となる。

例 おにぎり、弁当、巻きずし、サンドイッチ

特徴 毒素は熱に強く、一度毒素ができてしまうと、加熱しても食中毒は防ぐことはできない。食後30分〜6時間で吐き気、腹痛などが起こる。

菌がついたら、加熱してもダメ！ すぐに吐き気などが起こるのが特徴

③カンピロバクター・腸管出血性大腸菌(O157、O111など)

十分に加熱されていない肉などが原因。

例 十分に火が通っていない焼き鳥

※カンピロバクターは特に加熱が不十分な鶏肉で起こる

④腸炎ビブリオ菌

生魚や貝類などの魚介類が原因となる。

例 刺身、寿司

＊盲点になりやすい食材「卵」

肉や魚介類などは、しっかり加熱していることでしょう。試合前は生ものをとらないことは常識ですが、**盲点は卵**です。プロアスリートも指摘されて気づきますが、生卵には特に注意が必要です。

また、飲食店や学校給食などでも発生するように、衛生管理をしっかり行っている施設でも起こることがあります。家庭で発生する場合は症状が軽く、発症する人が少ないため、食中毒と気づかないことも。**調理する人は手洗いをしっかりしましょう。**

いつも使う**包丁やまな板をしっかり洗うこと**はもちろん、お腹が緩いなどの状態が頻繁に起こるならば、キッチンの使い方を一度見直してみましょう。

Chapter 2

試合前日、前々日の食事

勝ごはん! 試合ノート❷

＊試合前日は「糖質」が重要

試合前日は、体を動かすエネルギーをしっかりとりたいもの。ジュニアアスリートの体を車にたとえると、車のエネルギーはガソリンです。ガソリンがあれば走りますが、なくなると動きません。それと同じで、ジュニアアスリートの体に「ガソリン＝エネルギー」があるうちはしっかり動きますが、だんだんとなくなってくると動きが悪くなったりします。マラソンの選手がゴールをした瞬間に倒れ込むことがありますが、あれが体からエネルギーがなくなった状態です。そのため、特に持久力が必要な競技やポジション、もしくはスタミナが気になるジュニアアスリートは、**試合前日だけでなく、前々日からしっかりエネルギーとなる「糖質」を多くとりましょう。**糖質はごはんや麺などの主食、芋などに多いので、この期間はいつもよりこれらを食事にとり入れます。

＊試合前日メニュー❶

試合前日は「水ぎょうざ」がおすすめです。ごはんがすすみ、またぎょうざの皮からも糖質がとれます。ぎょうざの皮は、小麦粉でできていることを指摘されて気づくトップアスリートもいるので、もしかしたらハッとしている人もいるかもしれません。

　そして大事なことは、「ビタミンB_1」をとることです。試合のためにエネルギーとなる**糖質を多くとった時には、同時にビタミンB_1**も増やします。

　仮に、糖質をしっかりとってもビタミンB_1が不足していると、せっかく体にためたエネルギーをうまく使えないのです。試合前日の食事で糖質をしっかりとるということは、ジュニアアスリートや保護者を含め、スポーツ界では常識になっていますが、ビタミンB_1も同時にとるということは、意外に知られていません。ぜひ、**糖質とビタミンB_1はセットでとる**ようにしてください。

　また、試合前日の食事量も大切です。競技や性別、体格差だけでなく、試合前で練習量が少ない場合は量をおさえたり、もしくはスタミナが必要な場合は多くするなどして、状態や状況によってコントロールするようにしましょう。

JAの勝ちごはん 試合前日・試合前々日レシピ

お品書き
・ごはん
・水ぎょうざ
・緑黄色のナムル
・スープ
・キウイ

水ぎょうざ

おもな材料

豚ひき肉、ニンニク、ニラ、チーズ、塩、ぎょうざの皮（タレ）酢、しょう油、すりごま

ワンポイントアドバイス

- ひき肉は豚肉。ただし、脂質の少ないひき肉を選ぶか、お店で肉を指定してひき肉にしてもらいましょう。
- ニンニク、ニラ、ショウガのいずれかを使いましょう。
- チーズをとり入れると、けいれんや熱中症予防になります。
- タレは酢を多めに使ってください。

Chapter 2

試合当日の食事

勝ごはん! 試合ノート③

＊当日の試合前は糖質を中心に食べる

試合当日の試合前に食べる食事は、**試合開始時間の3時間半〜3時間前程度を目安に食べる**ようにします。たとえば、12時試合開始の場合は、8時半〜9時に食べるようにするのです。これは、ある程度試合の時に消化した状態で動けるようにするためです。ジュニアアスリートの中には食事の後に練習をして、横っ腹などが痛くなった経験があるかもしれませんが、試合の時にはそうならないように、まずは食べる時間をしっかり考えましょう。

次は、何を食べるかです。基本的には、試合前日と同じように、**エネルギーになりやすい糖質を中心**に食べます。米、うどん、パスタ、パンなどの主食やフルーツ、そしてジャガイモやカボチャなどの糖質の多い野菜を食べるようにするのです。

逆に、消化に時間がかかったり、食べるとお腹がはるものは避けます。消化に時間がかかるものは脂質です。ですから、試合前に揚げ物などは避けるのです。試合当日のお弁当に唐揚げを持ってきたり、ツナマヨおにぎりを選んでいるジュニアアスリートを見かけますが、試合前は避けましょう。

お腹がはるのは食物繊維ですが、食品の種類と個々の反応は異なります。おにぎりの海苔をはがして食べた方がよいのか聞かれたりしますが、胃もたれなどの違和感がないならば、おにぎり1つ、2つの海苔はむしろとりたいもの。同じ海藻でも、ワカメはお腹がはりやすい傾向があるので、試合までに自分にとってはどうか、確認しておきたいものです。

column

試合前に験担《げんかつ》ぎで「とんかつ」を食べてはいませんか？

以前より「試合前のとんかつの験担ぎ」は少なくなってきましたが、「カツ丼」もNGです。でも、豚ヒレ肉をグリルした丼は、脂質がおさえられていながらもビタミンB^1がしっかりとれるメニューになります。さらに、下味でニンニクやショウガを使ったり、下写真のようにアサツキをのせれば、さらに試合前メニューになります。ちなみに試合前の験担ぎは、アスリートに安心感を与えます。上手に験を担ぎたいものです。

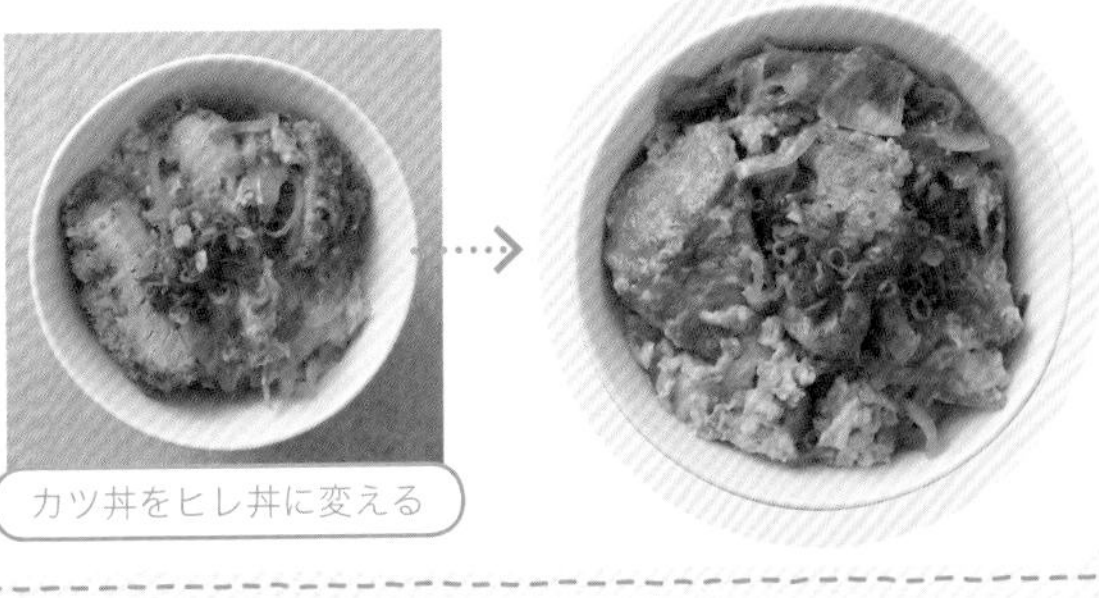

カツ丼をヒレ丼に変える

Chapter 2

試合前のパン食で知っておきたいこと

勝ごはん! 試合ノート④

＊パンに含まれている脂質に注意

試合前はエネルギー源となる主食を多く食べますが、食べやすい主食の1つが「パン」です。ところがパンでも、試合前に適しているものとそうでないものがあるのです。

パンの基本的な材料は、小麦粉、イースト、水、塩です。それ以外にパンの種類によって、卵、牛乳、バター（マーガリン）、砂糖なども使われます。試合前は脂質をおさえた方がよいので、パンを食べる時にバターを避けているジュニアアスリートもいると思いますが、そもそも**パンに使われているバターを含めた脂質**を気にしたことはありますか？

＊脂質が少ないパンを選ぶ

ここで問題です。**写真1**で脂質が少ないパンはどれでしょう？

答えは、ベーグルとバゲットです。特に**ベーグルは、基本的にバターだけでなく卵や牛乳を使用しない**ため、さらにそれらの脂質もおさえられています。バゲットはあえてバターを使っているものが多いので、選ぶ時にはしっかり原材料をチェックしましょう。

逆にクロワッサンはバターがたっぷり。意外なところでは、**蒸し**

パンも脂質が相当高いので、注意しましょう。

食パンやロールパンは、商品によって使用するバターの量がまったく違います。たとえば、パン屋に複数の食パンが売られていたりしますが、それぞれに使われている原材料も違っています。食パンやロールパンを購入する際は、成分をチェックしたり、パン屋のスタッフに聞いて、脂質量が少ないものを選びましょう。

また、パンに何かをサンドする場合は、具を選びたいもの。ここでは、3つのサンドイッチを紹介します。

写真1
上から反時計まわりに、バゲット、食パン、ベーグル、ロールパン、クロワッサン。

ベーグルサンド

チキンハニーグリルとリンゴバナナの2種類。チキンハニーグリルは、鶏むね肉をはちみつをつけてグリルしたもの。リンゴバナナは、バナナとチーズを混ぜてクリーム状にしたものを塗り、スライスしたリンゴを挟んでいます。消化に負担がないエネルギーがさらにとれます。

左がチキンハニーグリル、右がリンゴバナナ。

 ◀次ページにつづく

左の２点がミートソース、
右の２点がブロッコリーソース。

ロールサンド

パスタはミートソースとブロッコリーソースの２種類。ブロッコリーソースは、ミキサーでブロッコリーをペースト状にして使います。水分を多めにして、パスタとからめやすいようにします。これでエネルギーを使うためのビタミンなどがしっかりとれます。

食パンサンド

食パンにバターを塗らず、軽くトーストし、ポテトサラダを塗ってほかの具をはさむのがコツ。ポテトサラダは、エネルギーになりやすいMCTオイル、塩、こしょう、酢でマッシュしたジャガイモを和えてつくります。マヨネーズを使いたい時はもちろん低脂肪で。

野菜や肉が一気にとれる
食パンサンド。

試合中、お腹がすきやすいジュニアアスリートは、ボイルしたソーセージやサラダチキンをとり入れて。**プロアスリートは、試合前のパンは必ずバゲット**にするなどしています。

パンとひとくくりにせず、種類や具も上手に選びましょう。

手づくりサラダチキンのすすめ

市販の「サラダチキン」をつくってみてはどうでしょう。自分でつくれば1/2〜1/4ほどの値段で安くできます。また、中に鶏肉では不足する栄養素がとれる食品を入れれば補食にもなり、見た目や味にも変化をつけることができます。おすすめは「チーズ」と「野菜」です。

野菜とチーズのサラダチキン

材料

鶏むね肉(皮なし)、
スライスチーズ、
ニンジン、
パプリカ、
アスパラガス、
シソ、塩、こしょう

※つくりやすい分量で調整してください

つくり方

❶ 鶏むね肉は厚みがある部分に包丁で切り込みを入れ、その部分を広げるようにし（観音開き)、塩とこしょうを振る。
❷ ニンジンは拍子切り、パプリカは細切り、アスパラガスは5センチほどの長さに切る。
❸ ラップを広げ、❶をおき、チーズとシソ、❷をのせて鶏肉で巻いたらラップできつめに包み、キャンディーのように両端を巻くように包む。
❹ 鍋にお湯をわかし、❸を入れて5〜10分ほど加熱したら火を止めてフタをし、余熱で火を通す。

ワンポイントアドバイス

- ラップで包んだ後、ジップ付きの袋に入れると水が中身に入らないです。
- シンプルなサラダチキンは、具はなしでつくります。

Chapter 2

中華麺を使った焼きそばのコツ

勝ごはん! 試合ノート⑤

＊糖質が意外に多い中華麺

中華麺はほかの麺に比べて糖質が多いので、試合前の糖質（エネルギー）補給に使えます。ラーメンのイメージが強いのか、中華麺は脂質が高いと思われがちですが、そうではありません。

ただし、焼きそばの中華麺は、中華麺に油をまぶしてくっつかないようにしているので要注意。焼きそばの中華麺を試合前に食べる時は、蒸すなどして脂質をおさえてからにしましょう。

＊試合前の食事❶

脂質をおさえて消化をよくし、エネルギーがとれる食事です。「豚キムチ焼きそば」は、脂質の少ない豚のもも肉を使い、炒め油もひかえ目に。

「サケとカボチャのチーズグリル」は、試合前のコンディション不良を予防するビタミンCやビタミンDがたっぷりのレシピです。

これらは、ニンニクとエビを使った「エビのビスク風スープ」や「イチゴとキウイ」と一緒にとることで、吸収が高まります。

JAの勝ちごはん 試合前レシピ

豚キムチ焼きそば

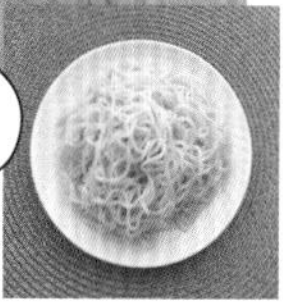

材料

タマネギ	1/4個
豚もも肉	80g
ニンニク	1/2片
油	小1/2
中華麺	1玉
水	30ml
鶏ガラだし	小1/2
キムチ	30g
ニラ	20g
干しエビ	小1
青のり	1g
塩	少々

つくり方

❶ 野菜と肉は食べやすい大きさに切る。
❷ フライパンに油を熱し、タマネギと豚肉、ニンニクを炒めたら、中華麺と水、鶏ガラだしを加えて、蒸し煮にする。
❸ ❷にキムチとニラ、干しエビを加えて、塩を振ってからよく炒める。
❹ 皿に盛り、青のりをかける。

ワンポイントアドバイス

- ニンニク、キムチでビタミンB1の吸収をアップ。
- けいれんなどの予防にも必要なカルシウムは青のりと干しエビで。

 ◀次ページにつづく

JAの勝ちごはん 試合前レシピ

サケとカボチャのチーズグリル

材料

サケ	80g
カボチャ	100g
ニンジン	20g
豆乳	150ml
塩	少々
こしょう	少々
コンソメ	1/2個
ピザ用チーズ	30g

つくり方

1. サケと野菜は食べやすい大きさに切る。
2. 耐熱皿にチーズ以外のすべての材料を入れてよく混ぜたら、チーズをのせてオーブンで焼く。

＊食事の「色」も意識する

写真（P145）を見ると、一見手間がかかるように見えますが、実は材料を切ってしまえばすぐできてしまうものばかりです。

写真のように、赤、黄、緑色と色をとり入れると、食事が明るく見えます。食事に色がない時は、皿やランチョンマットを上手にとり入れましょう。

ジュニアアスリートに対しての「がんばって」「元気を出して」というはげましは、食事の色からも伝わることがあります。

寒くなると温かいものがほしくなったりしますが、
食品の色でも温かみを感じることがあります

Chapter 2

コンパクトなエネルギー補給源、餅・ライスペーパー・ワンタンの活用

勝ごはん! 試合ノート⑥

＊主食以外でもエネルギー補給

サッカーやマラソンなど、試合時間が長い競技は、グリコーゲンローディングが有効です。グリコーゲンローディングとは、体を動かすエネルギー源の糖質を、試合前にできるだけ体内にため込むための運動量の調節、栄養摂取法のこと。いかに体にエネルギーとなるグリコーゲンをため込めるかは、主食以外からも糖質をとる工夫をしましょう。具体的には餅、ライスペーパー、ワンタン、芋、カボチャ、果物を活用しましょう。

餅

お正月に購入した餅が残っている家庭もあると思います。餅は、**エネルギー補給として腹持ちがよい**ということで、試合前に必ず食べるトップアスリートもいます。餅1切れ（50グラム）は約120キロカロリーなので、餅2切れはごはん約1杯分のエネルギーと同じなのです。

また、餅は粘りがあるせいか、腹持ちがよいといわれますが、**実はすぐにエネルギーとなるのが餅**なんです。ごはんと餅の米の違いは、デンプンにあります。餅に含まれる種類のデンプンは、血糖値を上げやすいのです。そのため、

 ◀次ページにつづく

1日に数試合ある場合や、トーナメント戦などの連日の試合などの場合は、どんどん餅をとり入れましょう。

もちろん、主食としてとるのもよいですが、今回紹介する「豚と餅の生姜焼き」のように、餅のエネルギーを効率よく使う豚肉との組み合わせで、主菜としてとることでさらにごはんもすすみ、エネルギーを補給することができます。

ちなみに、餅の欠点は先述したデンプンで、ごはんよりも硬くなりやすいことです。加熱すれば柔らかくなりますが、すばやくエネルギーにするには**餅は調理したらすぐに食べるようにしましょう。**

ライスペーパー

ライスペーパーは名前の通り、原料は米です。試合前は糖質や抗酸化作用が強い野菜をとりますが、おすすめはニンジンとスプラウト。

ライスペーパーで包むことで、エネルギーを食べやすくとることができます。試合当日の食事では、よく食べやすいものが求められたりしますが、このライスペーパーで米や具などを包んで、ちょっと変わったおにぎりとして出すのもおすすめです。

ワンタン

ワンタンスープでも、エネルギー補給ができます。スープのよさは、煮ることで消化がよくなったり、栄養素が吸収しやすくなることです。

試合前に緊張から体調を崩したりした時は、無理に量をとらせるよりも、スープを活用することはおすすめです。

JAの勝ちごはん 試合前レシピ

お品書き
・ごはん
・豚と餅の生姜焼き
・ライスペーパー巻き
・ワンタンスープ
・イチゴとオレンジ

豚と餅の生姜焼き

材料

豚もも肉……100g
タマネギ……1/2個
ショウガ……1片
油……小1
餅……2切れ
Aコチュジャン……小1
　しょう油……小1/2
　水……大1
　はちみつ……小1

つくり方

❶ 豚肉とタマネギは、食べやすい大きさに切る。ショウガはみじん切りにする。
❷ フライパンに油を熱し、豚肉とショウガ、タマネギを炒める。
❸ ❷にAと餅を入れて、さらに炒める。

ワンポイントアドバイス

すりごまを振ったり、ピザ用チーズをのせれば、さらにけいれんの予防になります。

Chapter 2

手軽にエネルギーと水分を補給したいなら果物

勝ごはん! 試合ノート⑦

＊試合前に食べたい果物は?

試合前の食事で忘れてはいけないのが果物です。**果物は糖質が多く、主食同様にエネルギー源**となります。試合前にバナナを補食でとるトップアスリートの様子は、メディアを通して見たこともあるでしょう。バナナは携帯ができて、手が汚れずに食べられるということから、実際に食べているアスリートも多いです。でも、食べている果物はバナナだけではありません。

また、果物は何となく体に必要とわかっていても、予算オーバーになりやすく、思うようにとれないジュニアアスリートもいます。そこで今回は、試合前に適した果物についてです。

＊果物の糖質量を比べてみる

ここでは、さまざまな種類の果物を用意しました。これらをエネルギーとなる糖質を多く含む順に並べると、表1（P152）のようになります。比較しやすいように、1回分の目安量でまとめています。やはりバナナは糖質が多いのですが、バナナ1本よりはキウイ2個の方が食べやすいジュニアアスリートもいるかもしれません。表1を見て、自身がとりやすい糖質源となる果物を見つけましょう。

　また、果物の糖質はブドウ糖と果糖ですが、ブドウ糖は血糖値を上げ、すばやくエネルギーになる糖です。これを多く含むものが、ブドウです。ですから、**ブドウは糖質も多く、エネルギーにもなりやすい**ことがわかります。

　さらに糖質だけでなく、クエン酸が多いものも試合前におすすめです。**クエン酸の多い果物は、グレープフルーツやオレンジ、キウイ**などになります。

　逆に、**試合前に適していない果物は、アボカドとナシ**です。


これらはどちらかといえば、普段の練習時や試合後の回復に用いることがおすすめです。

　試合が近くなって緊張で食欲が落ちた時や、普段の練習で食事が思うようにすすまない時などに、主食ではなく果物を増やすことで、エネルギーが補給しやすくなり、さらに水分やビタミンもとれるという利点があります。

試合前はトップアスリートも果物を食べるよ

＊ジュースにして量をとるのも◎

バナナは、試合前日や当日の食事で、ほとんどのチームが用意します。バナナをカットせずに出し、残ったら試合後にとるようにしています。

　また、果物はそのまま食べるだけでなく、トップアスリートはミキサーを用意しておき、自分に必要な果物をピックアップして、ジュースにして飲むこともあります。こうすることで、量がとれるからです。

 ◀次ページにつづく

表1 1回分（目安）あたりの果物の糖質量

●食品名	●糖質量
バナナ（1本）	28.2g
オレンジ（1個）	19.7g
ブドウ（小1房）	18.1g
柿（1/2個）	16.9g
キウイ（1個）	16.8g
パイナップル（6切れ）	14.0g
イチジク（2個）	10.6g
リンゴ（2切れ）	7.8g
伊予柑（1/2個）	7.4g
メロン（大1切れ）	7.3g
イチゴ（6個）	7.0g
ブルーベリー（小皿1杯）	6.7g
グレープフルーツ（1/2個）	6.5g
ナシ（2切れ）	6.3g
アボカド（1/2個）	0.8g

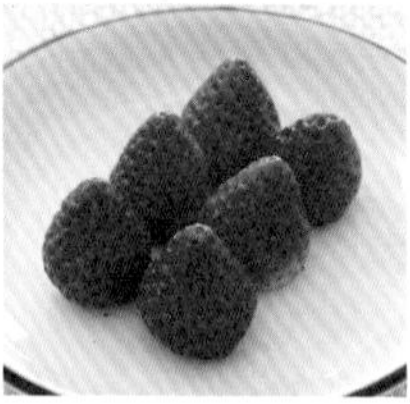

バナナ、イチゴ、パイナップル、キウイ、柿、ナシ、リンゴ、イチジク、アボカド、ブルーベリー、オレンジ、グレープフルーツ、ブドウ。

手軽にエネルギー補給する
ならやっぱりバナナ！

ワンポイントアドバイス

イチジク 整腸作用あり。お腹が緩くなりやすいジュニアアスリートは、試合前は避ける。

リンゴ 皮はしっかり洗う、もしくはむく。疲労回復効果もあり。

イチゴ ビタミンC補給に最適。

ブルーベリー 抗酸化が抜群。

グレープフルーツ 体脂肪が気になるジュニアアスリートは普段からとりたい。

ナシ 水分補給に最適。

アボカド 練習量が多い時などの回復におすすめ。

果物を使ったおすすめメニュー

❶グレープフルーツゼリー

試合前は寒天ではなく、ゼラチンでつくりましょう。キウイ、パイナップルの場合は、固まらないこともあるので注意。

❷ヨーグルト キウイとパインソースのせ

糖質量の多い果物でソースをつくり、ヨーグルトにかけるのもおすすめ。

❸フルーツのはちみつ漬け

はちみつレモンが一般的ですが、柑橘系果物とブルーベリーなどの抗酸化果物をプラスするのも◎。

Chapter 2

試合前日の食事〔春編〕

勝ごはん! 試合ノート⑧

＊旬を感じさせる食事

ここでは、旬のものや彩りをとり入れた、季節を感じさせる試合食についてです。今回は春です。学年が変わり、一緒に練習するメンバーが代わったり、新しい環境で新たな目標を立てる時期です。紫外線量も高くなる時期なので、試合前日はビタミンCやビタミンAなどの抗酸化ビタミンもしっかりとりましょう。

＊試合前日の食事❶

チキンと菜の花のフォー

試合前に麺類をとり入れて、糖質量を増やすアスリートが多いのですが、パスタやうどんよりも、**食べた後の胃への負担が軽い感じのフォー**。原料は米です。

具は鶏肉、タマネギ、菜の花、ミツバ、しらす、レモンです。写真（P156）を見た時に、一見いつもよりも量が少ないのでは？と思った人もいるかと思います。でも実はこの具だけで1品、主菜をつくることができる種類、量なのです。**特に菜の花は、野菜の中でも抜群に栄養価の高い食材**です。早春～春の旬の時期は、積極的にとり入れましょう。

またフォーの場合、麺だけでなくスープもさっぱりしています。ここでは、干しエビやショウガなどを使用していますが、干しシイタケやクローブなどの香辛料などを使えば、試合前の消化吸収能力が落ちるのをおさえたり、免疫にもよい効果があるのでおすすめです。

手軽につくりたい場合は、ナンプラーとしょう油さえあればOK。ナンプラーは魚醤《ぎょしょう》のことで、「独特の香りが苦手」というアスリートもいますが、なぜかフォーで使用すると食べられることが多いです。

バナナチーズクリームサンド

パンはP140でも紹介したベーグル。シンプルにバナナとチーズをつぶしたものを、サンドするだけです。チーズは種類によって栄養価がだいぶ変わります。ベーグルを使ったサンドイッチの時はクリームチーズを使いたくなりますが、**クリームチーズは脂質が高くてカルシウムが少ないため、試合前には適しません。**

そこで、ここではプロセスチーズを使っていますが、ペースト状のバナナとの相性は抜群です。バナナの甘さとチーズの塩分で甘みがさらに引き立ち、しっかり泡立てると本当のクリームのようになります。甘いものを食べると罪悪感を感じるアスリートも、気にせず食べることができます。

果物と豆乳のブラマンジェ風

冷蔵庫で冷まして固める必要はなく、数分でできます。今回は、イチゴやキウイなどのビタミンCが豊富なものだけでなく、リンゴや金柑なども使っています。果物を食事にとり入れると金額が上がる傾向があるので、これらの中から1種類だけ使うのでもよいです。

＊試合当日でとる場合

なお、この食事を試合当日でとる場合は、フォーの具をひかえ目にしてください。「バナナチーズクリームサンド」「果物と豆乳のブラマンジェ風」はそのまま使えます。

 ◀次ページにつづく

JAの勝ちごはん試合前日レシピ

チキンと菜の花のフォー

材料

フォー（乾燥）	80g	A 水	2カップ
菜の花	50g	鶏ガラスープの素	小1
鶏むね肉	100g	B ナンプラー	大2
油	小1/2	しょう油	小1
タマネギ	1/4個	しらす	20g
ショウガ	1片	ミツバ	適量
干しエビ	1g	レモン	1/8個

つくり方

❶ 鶏肉と菜の花は食べやすい大きさに、タマネギは薄切りに、ショウガはせん切りにする。

❷ 鍋に油を熱し、菜の花をさっと炒めたら皿にとり出しておく。

❸ ❷の鍋で鶏肉の両面をさっと焼いたら、Aを入れる。

❹ ❸が沸騰したら、タマネギ、ショウガ、干しエビを入れて煮込み、火が通ったらBを加える。

❺ 別の鍋でフォーをゆでる。

❻ 器に❺を盛って❹をかけ、しらすとミツバ、レモンをのせる。

ワンポイントアドバイス

菜の花のビタミンKや葉酸、ビタミンC、カロチン、ビタミンB群、カルシウムのほか、レモンのクエン酸、しらすのカルシウムなどもとれます。

バナナチーズクリームサンド

材料
バナナ……1本
チーズ……1切れ
ベーグル……1個

つくり方
❶ ベーグルを半分に切る。
❷ ボウルにバナナとチーズを入れてつぶす。
❸ ❶に❷をぬる。

ワンポイントアドバイス
バナナとチーズをつぶしたものを泡立てれば、クリーム状になります。普段の補食や、甘いものがほしい時にも使えます。

果物と豆乳のブラマンジェ風

材料
片栗粉……大1
はちみつ……適量
好みの果物……適量

つくり方
❶ 鍋に片栗粉を入れ、豆乳とはちみつを少しずつ加えながらよく混ぜる。
❷ とろみがついたら火を止め、冷蔵庫で冷やす。
❸ 皿に盛り、果物をのせる。

タイ料理やベトナム料理などでおなじみのフォー
春は菜の花がおすすめです

Chapter 2

試合前の食事〔夏編〕

勝ごはん! 試合ノート⑨

＊暑さに強くなるために

夏の試合食は、夏バテや熱中症、けいれんを予防することも意識したいものです。

まず、**熱中症や、けいれんの予防には、水分とミネラルが必要**です。市販の経口補水液などをとっているジュニアアスリートを見かけますが、実は食事でまかなうことが可能です。今回紹介しているビシソワーズには、経口補水液にも含まれるミネラルがたっぷり含まれています。

さらに水分やエネルギーを多く含んだフルーツも、夏は多めにとり入れましょう。

ビシソワーズ

ジャガイモやタマネギ、牛乳を使います。塩を多めに使うことがポイント。水分、ナトリウム、カリウム、カルシウムなど、経口補水液に使われるミネラルなどをしっかりとることができます。

粉チーズたっぷりチキンライス

油を使いたくない場合は、炊き込みチキンライスにするなど、調理法を工夫します。粉チーズをたっぷり使うことがポイント。粉チーズにはカルシウムやナトリウムが豊富で、手軽に発汗で失われるミネラルを補給できます。

試合食（夏）❶

ミートソース

お品書き
・ミートソース
・ビシソワーズ
・粉チーズたっぷりチキンライス

ミートソースは合いびき肉ではなく、豚赤身肉で。とにかくビタミンB1は、吸収のよい形で、毎食でもとりましょう。
試合前日にニンニクをとると、下痢をするアスリートもいます。本来は使いたいのですが、食べると下痢をしやすいものは、どんなによい栄養素が含まれていても、自分に合わない場合は避けるようにしてください。

試合食（夏）❷

冷やし中華

お品書き
・冷やし中華
・高菜おにぎり、きなこおにぎり
・ヨーグルト入りオレンジジュース

冷やし中華のタレを手づくりする場合は、酢を多めにしてごま油はひかえます。具の豚肉は脂質を減らすためにゆでますが、大事なビタミンB1が消失しないように「さっとゆでる」ことがコツ。ゆでた後、ミネラル補給のすりごまと酢などで、味をつけておきましょう。トマトは赤のミニトマトがおすすめ。おにぎりの高菜は、塩分とカルシウムが補給できます。

Chapter 2

試合前の食事〔秋～冬編〕

勝ごはん！ 試合ノート⑩

＊体調不良にならないように

秋～冬の試合食は、風邪やインフルエンザなどの予防・回復に効果のある食品をとり入れた食事です。

カボチャ入りあんかけごはん

カボチャとニンジンはエネルギーだけでなく、風邪の予防や回復に必要な栄養素がとれます。

また、あんかけにすることで、冷めにくく食べやすくなり、寒い時期にぴったり。

ただし、「あんかけ」で注意したいのは、ここで紹介する「あん」には油があまり含まれていませんが、**中華料理などのあんかけは油が多く含まれています。**もちろんその方が冷めにくいのですが、試合前は脂質の多いあんかけは避けたいもの。外食などの場合は注意しましょう。

しらす梅しそそば

しらすは塩分やカルシウムの補給ができます。そばはうどんよりも食物繊維が多いため、試合前は避けられていたりもしましたが、私がサポートするプロアスリートはむしろ、そばでコンディションを整えさせています。その場合に**おすすめなのは、十割そば。**そばはたんぱく質やビタミンB_1も含まれており、ある程度の食物繊維をとることで、風邪などを予防することにつながるからです。

柿とイチゴ

糖質とクエン酸がそれぞれ多い柿とイチゴは、試合前におすすめの組み合わせです。

＊調理法で変わる栄養素

食品の組み合わせで栄養素の吸収が変わることはご存知かと思います。さらに、煮るや焼くという調理法や、食品の切り方、洗い方でも栄養素が変わることがあります。

たとえば、イチゴはへたをとって洗うと、ビタミンCの損失が大きくなります。こうしたことを大事に、丁寧に食事をつくると、効果がさらに得やすいです。

試合食（秋〜冬）❶

サケしらすキムチ飯

免疫などを含めたよいコンディションには、ビタミンDは必須です。冬は体内でつくる量が減るため、サケやしらすは試合前も適度にあるとよいです。サケは焼いてほぐして食べやすくするなど、試合前は配慮を。キウイはエネルギーだけでなく抗酸化ができる食材。体の修復もしながら、試合にのぞめるメニューです。
試合前のヨーグルトは、はちみつを多めに使いたいですが、乳製品やはちみつでお腹が緩くなる場合は、もちろん無理をせず避けましょう。

お品書き
・サケしらすキムチ飯
・ニンジンとカボチャ汁
・キウイヨーグルト

 ◀次ページにつづく

試合食（秋〜冬）❷

カボチャ入りあんかけごはん

材料

ごはん	適量
豚もも肉	80g
ショウガ	1片
タマネギ	1/2個
ニンジン	1/3本
カボチャ	80g
ニラ	20g
油	小1
Aだし汁	400ml
しょう油	大2
塩	少々
みりん	大3
B片栗粉	大1
水	大3

つくり方

❶ ショウガはすり下ろす。それ以外の食材は食べやすい大きさに切る。

❷ 豚肉とショウガを混ぜておく。

❸ フライパンに油を熱し、❷とタマネギ、ニンジン、カボチャを入れたら、さっと炒める。

❹ ❸にAを加えて炒め煮にする。具が柔らかくなったらニラを加え、さらにB（水溶き片栗粉）を加える。

❺ 皿にごはんを盛り、❹をかける。

寒い時は温かいもので体を温めよう。油をひかえた”あんかけ”は使えるよ

Part 3

勝ちごはん流

時短! お惣菜アレンジ術

お惣菜を使ってジュニアアスリートに必要な栄養素がとれる、アレンジレシピを紹介します。
時短はもちろん、安価であることも考慮しています。

Chapter 1

お惣菜アレンジ術❶
肉じゃが

和食の定番「肉じゃが」。アレンジは、肉じゃがの出汁のうま味を生かすのがコツです。

＊ピックアップ惣菜「肉じゃが」

お惣菜アレンジ編です。ここでは「肉じゃが」を紹介します。

多くのスーパーやコンビニエンスストアで扱っている「肉じゃが」。野菜だけでなく、肉や糸こんにゃくなど、意外と多くの食材が使われています。

主役のジャガイモは、エネルギーとなる糖質が豊富です。さらにビタミンCも含まれていますが、加熱に強いことが特徴です。たいていビタミンCは熱を加えると破壊されるため、炒めたりする調理法には合わないのですが、ジャガイモは煮たり焼いたりしても大丈夫。

ニンジンは同じくエネルギー源を含みますが、何といってもカロテンが豊富なことが特徴です。**ジ**

肉じゃがを大量につくって、アレンジで品数を増やすのもおすすめです

ャガイモとニンジンは、スポーツをすればするほどしっかりとりたい栄養素の組み合わせです。さらに豚肉とタマネギを多く使えば、疲労回復や夏バテ予防・回復にもつながります。

　体脂肪を減らしたい、もしくは便秘がちの選手の場合は、糸こんにゃくが効果的です。

　肉じゃがは、エネルギー補給はもちろんのこと、スポーツで多く必要になるビタミンCやカロテンが豊富で、腸内環境もよくするため、よいコンディションを維持するためにおすすめのお惣菜なのです。

和食の定番惣菜「肉じゃが」。真空パックのものもあり、これだと日持ちもする。

ジュニアアスリートにぴったりのお惣菜だね

肉じゃがの特徴とアレンジのコツ

肉じゃがの栄養素の特徴は、ジャガイモやニンジンなど糖質の多い野菜だけでなく、砂糖やみりんなどで甘く味つけするため、さらに糖質の摂取量が増えます。そのため、**練習量が多い時などのエネルギー補給には適したお総菜ですが、欠点は体づくりのたんぱく質が不足すること。**アレンジではいかにたんぱく質の量を増やすかが、ポイントになります。

　ここで紹介するアレンジレシピは、肉じゃがの味をそのまま生かすようにしています。

◀次ページにつづく

肉じゃがで「キッシュ風」

材料

肉じゃが……80g
卵……2個
枝豆……20房

つくり方

1. 枝豆をさやから出す。
2. 耐熱皿にすべての材料を入れて、よく混ぜる。
3. 180度に熱したオーブンで、20分ほど焼く。

ワンポイントアドバイス

肉じゃがで不足するたんぱく質を、卵と枝豆でとりましょう。動物性と植物性たんぱく質が一緒にとれるようにしました。どちらも冷蔵庫に常備しておきたい食品です。これらをプラスすることで、ビタミンやミネラルもとれるため、体強化につながります。

体強化にぴったりのレシピです。しかも簡単、安価なのでおすすめです

JAの勝ちごはん お惣菜アレンジレシピ

肉じゃがで「クリームスープ」

材料

肉じゃが……80g
牛乳……1カップ
水……1/2カップ
塩……少々
こしょう……少々
粉チーズ……大1

つくり方

1. 鍋に水と牛乳を入れて、沸騰したら肉じゃがを加えて塩とこしょうを振り、5分ほど煮る。
2. 器に盛り、粉チーズをかける。

ワンポイントアドバイス

肉じゃがで不足するたんぱく質とカルシウムを、牛乳と粉チーズで強化。牛乳は生乳100%のものを。粉チーズはナチュラルチーズを選んでください。少し抵抗がある組み合わせに見えますが、肉じゃがの味がスープの下味となります。うま味成分は、和食や洋食に限らず共通のものなので、アレンジする場合には積極的に生かしましょう。

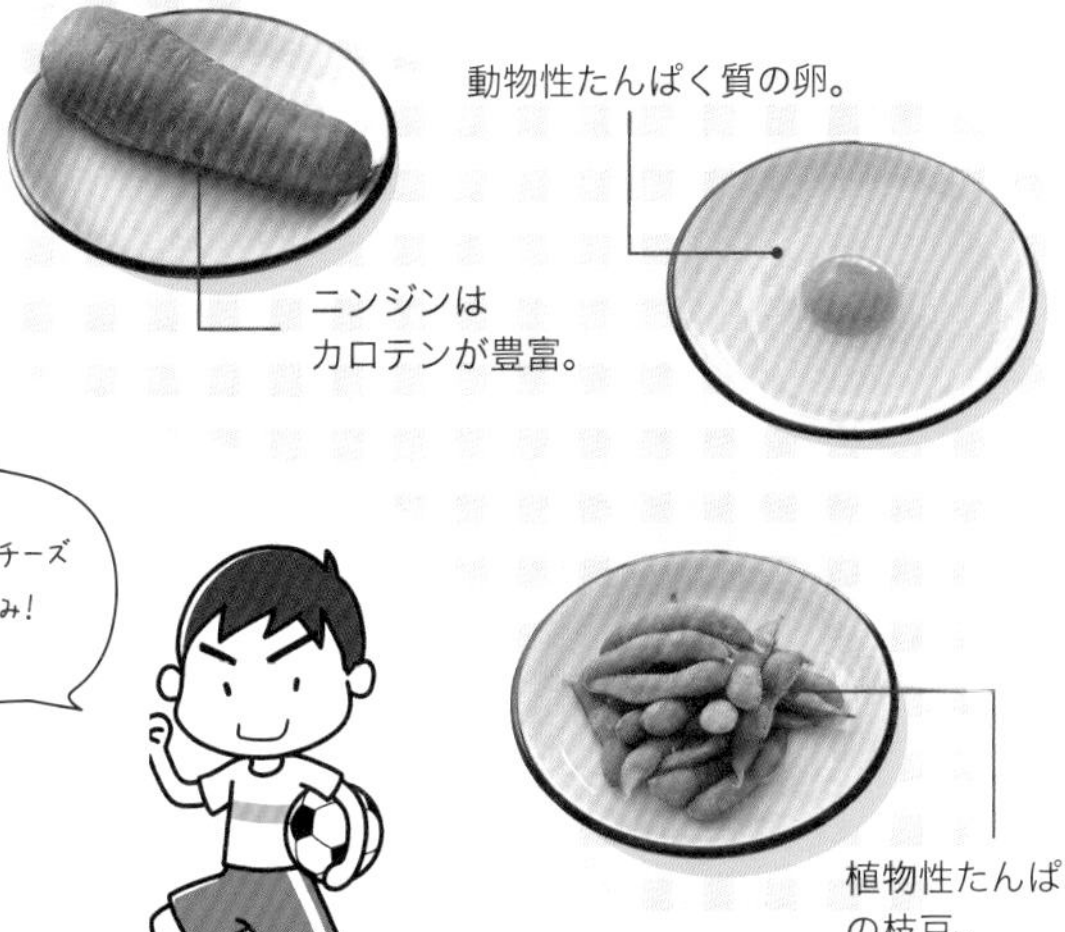
動物性たんぱく質の卵。
ニンジンは
カロテンが豊富。
植物性たんぱく質
の枝豆。

肉じゃがに牛乳とチーズ
…どんな味か楽しみ！

Chapter 2

お惣菜アレンジ術❷
唐揚げ

ジュニアアスリートに限らず、子どもが大好きな唐揚げ。うまくアレンジすれば、栄養素たっぷりの一品になります。

＊ピックアップ総菜「唐揚げ」

唐揚げは、ジュニアアスリートに大人気のメニューの1つで、コンビニエンスストアで1個から手軽に買えるため、練習後などに小腹がすいたジュニアアスリートがよく購入していたりもします。また、保護者も普段の食事だったり、お弁当のおかずでもよくとり入れたりする、なじみのあるものです。材料が鶏肉なので、**体づくりのたんぱく質がしっかりとれるのは利点**ですが、脂質は高くなり、とりすぎると炎症を引き起こします。

＊唐揚げの特徴

唐揚げのおもな材料は、もちろん鶏肉。簡単に体づくりのたんぱく質がとれること、ごはんがすすむおかずなので、唐揚げ自体のエネルギーも含めエネルギー補給がしやすいことはメリットです。鶏肉は鶏もも肉と鶏むね肉が使われます。

鶏もも肉の唐揚げは、脂質が多いのでジューシーで、とにかく練習量が多くてエネルギーが必要な場合にとり入れたいもの。鶏むね肉は、もも肉よりも脂質が少なく、さらに皮をはがせば相当なエネルギーカットになります。もともと油で揚げる唐揚げは、脂質をとりすぎることが懸念されるので、自宅でつくる場合は、もも肉よりはむね肉の方をとり入れている人も多いことでしょう。さらにむね肉には、**疲労回復にも効果のあるイミダペプチドが豊富なので、私がトップアスリートに唐揚げをすすめる場合は、もちろんむね肉**です。

また、唐揚げは鶏肉以外に、ニンニクやしょう油、片栗粉などを使います。ニンニクは、疲労回復だけでなく、**鶏肉とニンニクの組み合わせは、体づくりにもおすすめ**です。

一方、唐揚げのデメリットは、**よいコンディションを維持するためのビタミンCや食物繊維、ミネラルなどがとりにくいこと。**そのため、唐揚げを食べる場合は、これらの不足する栄養素を一緒にとるようにしたいものです。

アレンジメニュー❶ 卵とじ

「唐揚の卵とじ」は、ゴボウと卵、アサツキを使います。卵をとり入れることで、さらに体づくりのたんぱく質とビタミンDなどがしっかりとれます。ゴボウは食物繊維が多い食材ですが、鶏肉や卵のたんぱく質を多くとる場合には、一緒に多くとりたい食材、栄養素です。アサツキもかけられるだけ、どんどんかけるようにすれば、よいコンディションに必要なカロチンやビタミンCなどが補給できます。単品で唐揚げだけを食べるよりも、体強化はもちろんのこと、長期休み明けや一日の気温差が大きい時など、体調を崩しやすい時の予防にもなります。

▼おもなプラス食品
卵、ゴボウ、アサツキ

アレンジメニュー❷ 酢唐揚げ

「酢唐揚げ」は、ニンジンやピーマン、タケノコなどを、ふんだんにとり入れます。抗酸化という

◀次ページにつづく

面でいえば、実は唐揚げはあまりおすすめできないのですが、それを補うためにニンジンやピーマンなどを使います。これらの脂溶性ビタミンは、あえて油を使わずに唐揚げに含まれる油で吸収を高めます。酢をとり入れて酢豚のようなイメージで味をつけますが、酢酸《さくさん》などの栄養効果だけでなく、酢の酸味で食欲が落ちる時期などに食べやすいメニューにもなります。

▼おもなプラス食品
ニンジン、ピーマン、タケノコ、酢

アレンジメニュー③
唐揚げトマトペンネ

唐揚げ1品で何でもとれるようにアレンジしたのが「唐揚げトマトペンネ」(**写真1**)。トマトとナス、ニンニクを使いますが、トマトソースにすることで生で食べるよりも多くのトマトをとることができ、不足しているビタミンを補強できます。さらに粉チーズをかけることで、ジュニアアスリートに多く必要なカルシウムも簡単にとることができます。

▼おもなプラス食品
パスタ、トマト、ナス、ニンニク、ケチャップ

唐揚げトマトペンネ。トマトソースにすることでより多くのトマトをとることができ、さらに野菜を煮込むことでより多くの野菜をとることができます。

ジュニアアスリートが大好きなお惣菜の定番「唐揚げ」。

Chapter 3

お惣菜アレンジ術③
きんぴらごぼう

野菜の副菜といえば「きんぴらごぼう」。メイン食材のゴボウは、食物繊維の働きをすべて網羅できる優秀な食材です。

ピックアップ惣菜「きんぴらごぼう」

野菜の中でもゴボウは食物繊維が多いため、腸内環境によい影響を与えることはもちろん、低エネルギーで満腹感が得られる、お腹を満たすためには持ってこいの食材です。そのため、便秘や体脂肪を気にするアスリートは、よくとり入れている食材の1つでもあります。

しかし、きんぴらごぼうは副菜なので、これだけではジュニアアスリートにとっては満足感がなく、また体をつくる栄養素が不足しています。そこで、ここではきんぴらごぼうで不足しがちな食物繊維をしっかりとりながら、体をつくる栄養素を多く含む食品と組み合わせたアレンジを紹介します。

アスリートの中では、野菜は体によいイメージがあり、食事の際にはサラダを必ず食べる習慣があるのですが、この理由の1つは不足しやすい食物繊維がとれること。でも、**生野菜を食べるよりも、きんぴらごぼうを食べる方が断然多くの食物繊維がとれる**のです。

また、ジュニアアスリートの場合、スポーツだけでなく成長のためにも、たんぱく質を多くとる意識を持っていることでしょう。でも、**多くのたんぱく質をとること**

◀次ページにつづく

と同時に、**食物繊維をしっかりとれないと、便が臭くなるなど、腸内環境が悪くなることがある**のです。さらに、体脂肪を落としたい時や減量中の場合、今回紹介するようなハンバーグやチヂミなどの具にしてしまえば、摂取エネルギーをおさえるだけでなく、噛みごたえもあるので、食事量を落とすこともできます。

＊きんぴらごぼうの特徴

主役のゴボウは、食物繊維が豊富です。食物繊維には水溶性食物繊維と不溶性食物繊維があり、実はそれぞれ働きが違うのですが、ゴボウには両方含まれているのが特徴です。そのため、一般的にいわれている便秘や食べすぎの予防、糖質などの吸収を緩やかにするなど、**食物繊維の働きをすべて網羅できるのです。**

また、きんぴらごぼうに入っていることが多いニンジンは、抗酸化作用が強く、同じく使われていることが多い唐辛子は、脂肪の燃焼効果を助けます。

どんなジュニアアスリートもとりたい万能惣菜の1つです。

column

「出す」ことも大事

1日に何回、便が出ますか？

理想的な便は、バナナ程度の大きさのもので、水洗トイレの水に浮いているくらいといわれています。もちろん、食べている量や1日に何回便が出るかでも変わってきますが、目安として覚えておくとよいでしょう。栄養の話となると、どちらかといえば食べることで栄養素を吸収するということに重点がおかれていますが、ジュニアアスリートの場合は「出す」ということも意識しましょう。

JAの勝ちごはん お惣菜アレンジレシピ

きんぴらで豆腐ハンバーグ

材料

きんぴらごぼう……50g
木綿豆腐……50g
鶏ひき肉……100g
卵……1個
牛乳……大1
小麦粉……適宜
油……小1

つくり方

1. きんぴらごぼうは粗みじん切りにする。
2. ボウルに1と木綿豆腐、ひき肉、卵、牛乳を入れてよく混ぜたら、小麦粉をまぶす。
3. 油をひいたフライパンで、2を焼く。

きんぴらでチヂミ

材料

きんぴらごぼう……60g
ニラ……40g
卵……1個
小麦粉……30g
片栗粉……10g
干しエビ……小1
油……小1
ごま油……小1

つくり方

1. きんぴらごぼうとニラは、2センチほどの長さに切る。
2. ボウルに1と卵を入れてよく混ぜたら、小麦粉と片栗粉、干しエビを加える。
3. フライパンに油をひき、2を焼いたら、仕上げにごま油を回し入れる。

 ◀次ページにつづく

JAの勝ちごはん お惣菜アレンジレシピ

きんぴらで豚肉巻き

材料

きんぴらごぼう……60g
豚ロース肉……3枚
こしょう……少々
片栗粉……少々
油……小1
アサツキ……20g

つくり方

❶ 豚ロース肉にこしょうを振ったら、きんぴらごぼうを巻き、片栗粉をまぶす。
❷ フライパンで❶を転がすように焼き、皿に盛ったらアサツキをちらす。

きんぴらでピザ

材料

きんぴらごぼう……40g
食パン……1枚
バター……小1
ミニトマト……3個
赤パプリカ……1/8個
マヨネーズ……大1
ピザ用チーズ……1枚

つくり方

❶ ミニトマトは輪切りに、赤パプリカは粗みじん切りにする。
❷ パンにバターを塗り、きんぴらごぼうと❶をのせたら、マヨネーズとチーズをのせる。
❸ トースターで焼く。

ワンポイントアドバイス

ここではお惣菜のアレンジとして紹介していますが、自宅できんぴらごぼうをつくることもあるでしょう。その場合は大量につくり、別の料理の時の主食や主菜にアレンジしてしまいましょう。冷凍しておくのも◎。

また「ごぼうのささがきが大変！」と思った人は、カットしたものを購入して時短しましょう。

Chapter 4

お惣菜アレンジ術❹

レバー

レバーというと、鶏と豚のイメージが強いですが、栄養素の含有量が違います。交互にとり入れるのがおすすめです。

＊ピックアップ惣菜「レバー」

お惣菜のレバー料理には、鶏と豚、牛があります。生レバーは下処理に時間がかかるため、お惣菜を使えば相当な時短になります。

「レバー＝鉄」というイメージが強いですが、**実はもっとも鉄を多く含むのが、豚レバー**です。ほかのレバーの1・5〜3倍も含むのです。ただし、鉄だけでは血液はつくられません。**ビタミンB_{12}や葉酸《ようさん》も必要で、これを多く含むのは鶏レバー**です。ですから、貧血の予防や改善、練習強度が高い場合などは、毎回同じ種類のレバーではなく、**豚と鶏レバーを交互にとり入れてもよい**でしょう。そうすることで、貧血だけでなく疲れがとれるようになります。

ただ、優秀な食材のレバーにも欠点があります。それは、カルシウムとビタミンCがあまり含まれていないことです。ここでは、その欠点を補強したものを紹介します。

＊種類で選ぶ

形状で鶏や豚などは見分けることができますが、わからなければ原材料をチェックするようにしましょう。

豚レバーは、鉄をもっとも多

 ◀次ページにつづく

く含み、たんぱく質やビタミンD、ビタミンB_2なども豊富なので、**体脂肪を落としながら筋肉量をアップさせたい場合などにおすすめ**です。

鶏レバーはビタミンAやビタミンB_1、B_{12}、葉酸《ようさん》が多いので、**練習量が多い時や鉄を意識しているのになかなか貧血が治らない場合などに、おすすめ**です。

どのレバーもビタミンB_1を多く含むので、**疲労回復や夏バテにも効果的**です。さらに普段の練習時だけではなく、試合前日などにも最適。1回で大量にとるよりは、週に数回、とり入れるようにしましょう。

レバー（鶏肉・豚肉・牛肉）の成分比較

	鶏肉	豚肉	牛肉
エネルギー Kcal	111	128	132
たんぱく質 g	18.9	20.4	19.6
脂質 g	3.1	3.4	3.7
炭水化物 mg	0.6	2.5	3.7
Ca mg	5	5	5
鉄 mg	9.0	13.0	4.0
亜鉛 mg	3.3	6.9	3.8
ビタミンA μg	14000	13000	1100

	鶏肉	豚肉	牛肉
ビタミンD μg	0.2	1.3	0
ビタミンE μg	0.4	0.4	0.3
B1 mg	0.38	0.34	0.22
B2 mg	1.80	3.60	3.00
B6 mg	0.65	0.57	0.89
B12 μg	44.4	25.2	52.8
葉酸 mg	1300	810	6.40
C mg	20	20	30

JAの勝ちごはん お惣菜アレンジレシピ

レバーカレーコロッケ

↑お惣菜のレバー。

材料

お惣菜レバー……100g
ジャガイモ……2個
タマネギ……1/4個
油……小1
A 塩……少々
こしょう……少々
カレー粉……小2
粉チーズ……大1
小麦粉……適量
卵……1個
パン粉……適量
揚げ油……適量
サラダ菜……適宜

つくり方

1. レバーとタマネギは、粗みじん切りにする。
2. ジャガイモは、ゆでてからつぶす。
3. フライパンに油をひいてタマネギを炒めたら、Aを加えて冷ます。
4. ②に①と③を加えたら、俵状に形をつくり、小麦粉→卵→パン粉の順につけて油で揚げる。
5. 皿に盛ってサラダ菜をしいたら、④をのせる。

ワンポイントアドバイス

カレー味にすると、より食べやすくなります。同時にカレー粉を加えないものもつくり、味を2種類にしても喜ばれます。

 ◀次ページにつづく

JAの勝ちごはん お惣菜アレンジレシピ

レバー焼きそば

材料

お惣菜レバー……100g
中華麺……2/3玉
アスパラガス……1本
タマネギ……1/4個
ニンジン……10g
ナス……1/4本
ピーマン……1/4個
アサツキ……5g
油……小1
A ウスターソース……大1
オイスターソース……大1
しょう油……大1
塩……少々

つくり方

1. レバーと野菜は、食べやすい大きさに切る。中華麺は水でさっと洗う。
2. フライパンに油をひき、タマネギとニンジン、ナス、アスパラガスを炒める。
3. さらに中華麺とピーマンを加えて炒めたら、Aを加えてよく混ぜ、アサツキを加える。

ワンポイントアドバイス

野菜の組み合わせで、さらに疲労回復に効果的。1品で多くの栄養素がとれます。

レバーぎょうざ

材料

お惣菜レバー……80g
ニラ……30g
ネギ……10g
チーズ……20g
ごま油……大1
ぎょうざの皮……6枚
油……小1
A 酢……大2
しょう油……小1
ラー油……適宜
パクチー……20g

つくり方

1. レバーとチーズは、小さめに切る。
2. ニラとネギは電子レンジで1分弱加熱し、みじん切りにする。
3. ボウルに1と2、ごま油を入れてよく混ぜたら、ぎょうざの皮で包む。
4. フライパンに油をひき、3を焼く。
5. 皿に持ってパクチーをのせたら、Aをかける。

ワンポイントアドバイス

野菜とチーズで、レバーに少ないカルシウムとビタミンCを強化。ぎょうざにして、匂いのある野菜やごま油を使うと「臭みのあるレバーは嫌い！」というジュニアアスリートでも食べられることがあります。

レバーほうれん草

材料

お惣菜レバー……50g
ホウレンソウ……50g
サツマイモ……50g
白ごま……大1

つくり方

1. ホウレンソウは、ゆでてから3センチほどの長さに切る。
2. サツマイモは、電子レンジで柔らかくする。
3. ボウルにレバーとサツマイモを入れてつぶしたら、1と白ごまを加えて混ぜる。

ワンポイントアドバイス

サツマイモは、安納芋など甘めのものを選ぶのがコツ。甘味が少ない、またはレバーの味が薄い場合は、塩こしょうを加えて、味をととのえましょう。副菜としてだけではなく、バゲットなどのパンにつけて食べるのもおすすめ。

column

夏場の3種の神器

「梅干し、キムチ、しらす」。手軽にとり入れられる暑さ対策食品です。ジュニアアスリートの場合、親元を離れて遠征に行くこともあったりしますが、宿泊先でも簡単に購入できます。ただし、冷蔵庫などでしっかり保管させるようにしましょう。

塩分、カルシウム、クエン酸などの栄養素がとれることはもちろん、食事量が落ちやすい暑い時期のお助け食品。普段から冷蔵庫に常備しておきましょう。

Chapter 5

お惣菜アレンジ術⑤ シーフードフライ

フライは体に悪いイメージがありますが、そんなことはありません。目的や選び方で、ジュニアアスリートの強い味方になります。

＊ピックアップ惣菜「シーフードフライ」

シーフードフライには、イカやエビ、アジ、サケなど、さまざまな種類があります。

調理や片づけに時間がかかるフライは、お惣菜を使うとかなりの時短になります。高エネルギーで体脂肪を気にする場合は避けたいですが、**増量や練習量が多い時などの栄養補給には持ってこいの1品です**。ただし、**選ぶ時は魚介が大きいものを選ぶ**ようにして、体づくりのたんぱく質がしっかりとれるようにします。魚介のかき揚げはたんぱく質が少なく、小麦粉量が多くなり、糖質と脂質のみが多くなるため避けます。

魚介が大きいものを選んで、
たんぱく質をしっかりとりたいな

私がおすすめするのは、イカフライ、アジフライ、サケのフライ、サンマのフライです。サケのフライとサンマのフライは、体強化や、体調不良などの予防につながります。フライはお店によっては衣を上手につけて大きく見せていたりもしますが、前述した4品は比較的、魚介類の大きさがしっかりしています。逆にエビフライはエビ自体が小さなものがあるので注意しましょう。

フライの欠点は、ビタミンやミネラル、食物繊維などがとりにくいこと。それらの栄養素を補うためには、野菜などを増やします。

また、今回紹介するアレンジレシピのように、卵でとじたり、あんかけの具材にすることによって、冷めたフライを食べやすくもできます。

フライで注意したいことは、**購入したらなるべく早めに食べること**です。脂質の酸化はどんどんすすんでいき、それをとることは体にとってはマイナス。購入したら翌日に持ち越さず、当日中に食べるようにしましょう。

＊具が大きいものを選ぶ利点

身が小さいほど、パン粉などの糖質量が多くなるだけでなく、多くの油を吸うため脂質も高くなりがちです。具が大きいものを選ぶことはたんぱく質の補給ができるメリットもありますが、これらをおさえることもできます。

イカフライを使う場合は、キノコ類と組み合わせるのがおすすめ。サケやサンマのフライは、チーズや牛乳などの乳製品を組み合わせると、骨折の予防にもつながります。

 ◀次ページにつづく

シーフードフライのあんかけ焼きそば

材料

シーフードフライ……1個
ニンジン……1/4本
キャベツ……50g
シイタケ……1個
モヤシ……50g
赤パプリカ……1/4個
オレンジパプリカ……1/4個
ピーマン……1個
ショウガ……1片
アサツキ……2本
中華麺……1/2～2/3玉
油……小2
麺付属のソース……適量
水溶き片栗粉……適量

つくり方

❶ アサツキは小口切りに、フライとそのほかの野菜は食べやすい大きさに切る。
❷ フライパンに分量の半分の油をひき、麺と少量の水を入れたら、フライ返しでおさえながら両面に軽く焼き色がつくように焼き、皿にとり出す。
❸ フライパンに残りの油を加えて、アサツキ以外の野菜を炒めたらフライを加え、付属のソースを加えて味をつけ、アサツキと水溶き片栗粉を加える。
❹ ❷に❸をかける。

ワンポイントアドバイス

時短のために、付属のソースを使用しています。麺の量は、練習量などによってコントロールしましょう。フライの量を少なくすれば、減量時の満腹感のあるレシピにもなります。

大好きなフライのジュニアアスリート向けレシピはうれしいな

お惣菜の定番「シーフードフライ」。

JAの勝ちごはん お惣菜アレンジレシピ

シーフードフライと野菜の卵とじ

材料

シーフードフライ……1個
ニンジン……1/6本
タマネギ……1/2個
ミョウガ……1個
シソ……3枚
油……小1

A 卵……2個
粉チーズ……大2
酒……大1
みりん……大1
しょう油……小1/2
出汁……小1/2

つくり方

1. フライは一口大に、野菜はせん切りにする。
2. フライパンに油を熱したら、ニンジンとタマネギを炒める。野菜に火が通ったら、フライとミョウガを加える。
3. Aを加えたらシソをのせ、火を止める。

ワンポイントアドバイス

フライやチーズの塩分を生かして、調味料はおさえめにしましょう。アジフライなどは一口大ではなく、粗みじん切りにしてもよいです。

シーフードフライときのこのおろし煮

材料

シーフードフライ……1個
大根……150g
キノコ各種……80g
アサツキ……2本

A だし汁……150ml
酒……大1
しょう油……大1
みりん……大1

つくり方

1. フライとキノコは、食べやすい大きさに切る。大根はすり下ろす。
2. 鍋にAとキノコを入れて、沸騰したらフライと大根おろしを加えて少し煮る。
3. 器に盛り、アサツキをちらす。

ワンポイントアドバイス

キノコは、フライの欠点を補う栄養素が豊富。フライで消化が気になる時は、大根おろしをとり入れましょう。

Chapter 6

お惣菜アレンジ術⑥
切り干し大根

ジュニアアスリートはあまり食べないお惣菜かもしれませんが、切り干し大根は優秀な食品なので、ぜひとり入れてください。

＊ピックアップ惣菜「切り干し大根」

スーパーやコンビニエンスストアで売られている「切り干し大根」、または「切り干し大根の煮物」は、1パック150〜200キロカロリー前後です。**低脂肪、低エネルギー**ですが、たんぱく質が少ないことが欠点。**多く含まれる栄養素は、食物繊維**です。

また、カルシウムも含まれるため、シイタケが含まれるものを選ぶとよいです。

さらに、**切り干し大根の鉄はトマトやアサツキ、ニラなどと一緒にとることがおすすめ。**今回紹介するレシピのように、これらの野菜をとり入れたり、切り干し大根を食べた後に柑橘系の果物を食べたりすると、栄養素を効率よく体に吸収することができます。

＊切り干し大根の特徴

切り干し大根は、大根を干したものです。大根はあまり栄養価が高くないイメージですが、確かに95%は水分です。そのため、トップアスリートも切り干し大根は栄養素があまり含まれていないと思いがちですが、**干すことで水分がなくなり、その分、栄養素がぎゅっと詰まった状態**になっているのです。

特に多い栄養素が食物繊維。成長期のジュニアアスリートの場合、体づくりも含めて肉や魚介類などのたんぱく質の必要量は多くなりますが、同時に食物繊維もとりたいもの。そのため、肉などのおかずを食べる際、野菜をしっかりとることがすすめられますが、サラダなどの生野菜だけでなく、切り干し大根をプラスしてもよいのです。

ただし、切り干し大根は水に戻すと4倍になります。よく食品の栄養成分は100グラムで比較されますが、乾物の場合は実際に食べる量は少なくなりますので、それをうのみにしないようにしたいものです。

味つけは和風だしの味をそのまま生かせますので、汁も捨てずに使いましょう。今回紹介するアレンジレシピは、すべて調味をせずにつくれます。

アレンジメニュー❶ ピザ

切り干し大根とピザという意外な組み合わせですが、トップアスリートにも大人気のレシピです。納豆とチーズを使うことで、たんぱく質だけでなく、骨に関与するカルシウムやビタミンKもさらにとれます。朝ごはんにもおすすめです。

アレンジメニュー❷ つくね

市販の切り干し大根を使えば、つくねも簡単につくれます。

アレンジメニュー❸ チヂミ

魚介と卵で、切り干し大根に不足しているたんぱく質をとることができます。また、小麦粉でエネルギーもとれるため、1品で多くの栄養素がとれる、補食にもおすすめのレシピ。

◀次ページにつづく

JAの勝ちごはん お惣菜アレンジレシピ

切り干し大根のピザ

材料

市販の切り干し大根……30g
ひきわり納豆………1パック
トマト……………小1/2個
ピザ用チーズ………20g
ぎょうざの皮（大）………3枚

つくり方

❶ 切り干し大根とトマトはみじん切りにし、納豆とよく混ぜておく。
❷ ぎょうざの皮に❶→ピザ用チーズの順にのせ、トースターで焼く。

ワンポイントアドバイス
フライパンでも焼けます。その場合はフタをして焼きましょう。骨を強化する栄養素がたっぷり。

切り干し大根のつくね

材料

市販の切り干し大根……30g
鶏ひき肉……………60g
卵……………………1個
片栗粉……………大1～2
油……………………小1
パクチー……………30g

つくり方

❶ ボウルに切り干し大根、鶏ひき肉、卵、片栗粉を入れてよく混ぜたら、つくねの形をつくる。
❷ フライパンに油を熱し、❶を焼く。
❸ 皿に盛って、パクチーをのせる。

ワンポイントアドバイス
パクチーが苦手なジュニアアスリートは、アサツキやスプラウトなどをのせてもOK。

切り干し大根は食物繊維の補給におすすめです

切り干し大根のチヂミ

材料

市販の切り干し大根……30g
冷凍シーフードミックス……50g
卵……1個
小麦粉……40g
ニラ……50g
白すりごま……大1
水……1/2カップ
油……小1

つくり方

1. シーフードミックスは冷凍からもどし、ニラと切り干し大根は2センチほどの長さに切る。
2. ボウルにすべての材料を入れて混ぜる。
3. フライパンに油をひき、❷を焼く。

ワンポイントアドバイス

ニラはアサツキにしてもOK。小麦粉に片栗粉を混ぜると、もっちり感が出ます。酢、ごま油、ケチャップなど、好みのソースをつけて食べるのもおすすめですが、糖質や脂質のとりすぎには注意。

シイタケの入ったものを
選ぶのがコツ。

Chapter 7

お惣菜アレンジ術⑦
おでん

野菜、肉、練り物、卵など、一度に多くの栄養素をとれる「おでん」。アレンジは「おでんの汁」を使うことがポイントです。

＊ピックアップ惣菜「おでん」

おでんの具の種類は、卵、ちくわ、さつまあげ、大根、昆布、しらたき、牛すじ、はんぺん…と、何十種類にも及びます。コンビニエンスストアによって食品が異なり、レトルトパウチなどさまざまです。

おでんをアレンジするメリットは、**具によってとりたい栄養素が選べること**です。

たとえば、練習量が多い時や成長期などにたんぱく質を多くとりたい時は、卵やちくわ、さつまあげ、はんぺん、牛すじ、厚揚げなど、原材料が肉や魚、豆、卵などのものを、簡単に複数選ぶことができます。たんぱく質を多くしたり、もしくは不足しやすい食物繊維は、昆布やしらたきでとれます。**アスリートが普段とりたい栄養素が多くの種類の具からとれる、あきずに継続してとれる**ことが、おでんのメリットです。

コツはおでんの汁を利用すること。出汁がきいた汁を使うことで時短になり、おいしく仕上がります。

また、毎回同じような味になってしまうこともある家庭の味も、おでんの汁を使うことでいつもと違う仕上がりになります。

column

焼き鳥の食べ分けのコツ

● 焼き鳥はおすすめの肉料理

私がプロアスリートにおすすめしている肉料理に「焼き鳥」があります。砂肝、もも肉、ねぎま、レバー、ぼんじり、軟骨…。たくさんの種類があり、名前だけでは一体これは鶏のどの部位なのだろう、と思うこともあるかもしれません。焼き鳥のよさは、まずそこです。鶏肉なので、すべての部位に体をつくるたんぱく質は含まれていますが、種類があることで、自分の目的によって食べ分けができるのです。

● 焼き鳥の部位

では「焼き鳥」で、目的、もしくは練習内容によっての選び方を勉強してみましょう。まず、すべての部位でたんぱく質がとれるので、成長期に多く必要で、体づくりには効果的な栄養素はとれます。また、余計な脂が焼くことで落ちるため、減量や体脂肪を気にするジュニアアスリートにとっては、うれしい調理法です。「砂肝《すなぎも》」は、鉄やビタミンB_{12}が豊富なため、貧血を予防するだけでなく、走り込みをしたり、ジャンプや受け身などの練習が多い場合などにもおすすめ。ビタミンKも豊富なので、骨の強化にもつながります。「正肉（もも、むね）」「ねぎま」は、身近な焼き鳥の種類の1つでしょう。特に寒い時期に気になる免疫にも関与する栄養素が豊富です。筋力トレーニングを行った際や、練習量が多い場合、風邪が気になる時におすすめです。「レバー」はやっぱり鉄分補給。さらに、免疫や活性酸素の除去効果も期待できます。「ぼんじり」は脂質が多い部位。練習量が多い時のエネルギー補給がしやすいです。「軟骨」はコラーゲンが豊富。コラーゲンのみ摂取しても、ヒザなどの関節には効果がないといわれることもありますが、コラーゲンを構成するアミノ酸をとることには意味があります。

● タレと塩ならどっち？

焼き鳥は外食はもちろん、家庭でも簡単につくれます。串に刺すのが面倒ならば、串に刺さずにそのまま焼いても大丈夫です。それよりも大事なことは、何で食べるかです。タレの場合は、意外にエネルギーをとってしまうこともあるため、練習量が少ない時や体脂肪を気にする競技の場合は、塩で食べるようにしましょう。

 ◀次ページにつづく

おでんカレー

材料

（おでんの具）

卵……1個
厚揚げ……1枚
おでん汁……400ml
タマネギ……1/4個
ニンジン……1/4本
油……小1
カレールウ……1/2皿分

つくり方

1. 材料は食べやすい大きさに切る。
2. 油でニンジン、タマネギを炒めたら、厚揚げ、おでんの汁を加えて煮込み、カレールウを加える。
3. 皿に盛り、卵をのせる。

ワンポイントアドバイス

厚揚げは、豆腐よりもたんぱく質やカルシウム、鉄が補給できます。汁を多く使いスープカレーにしても。

おでんは、とりたい栄養素を具によって選ぶことができる、安価で優れたお惣菜。

JAの勝ちごはん お惣菜アレンジレシピ

おでんサラダ

材料
(おでんの具)
はんぺん……1/2枚
カボチャ……50g
ミニトマト……5個
パプリカ……1/4個
A マヨネーズ……適量
粒こしょう……少々
ゆで卵……1個

つくり方
❶ カットしたカボチャは電子レンジで柔らかくしてつぶす。
❷ ゆで卵をみじん切りにしてAをつくる。
❸ 一口大のはんぺん、半分に切ったミニトマト、せん切りにしたパプリカと、❶❷を加えて和える。

おでんお好み焼き

材料
(おでんの具)
A **牛すじ**……1本
ちくわ……1本
おでん汁……100ml
キャベツ……50g
シメジ……10本
卵……1個
小麦粉……50g
干しエビ……1g
油……適量
青のり……少々
アサツキ……1本

つくり方
❶ Aを混ぜる。
❷ 油をひいたフライパンで焼いたら皿に盛り、青のりをかける。

ワンポイントアドバイス
おでんの具は小さく切って、キノコ、キャベツ、アサツキ、干しエビをプラスすれば、寒い時期に意識したい栄養素が完璧に。

Chapter 8

お惣菜アレンジ術⑧

煮魚

煮魚はたんぱく質の量だけなら、どの魚を選んでもほぼ同じです。違いは脂質の量。目的によって、魚の種類を選んでください。

＊ピックアップ惣菜「煮魚」

煮魚は、平均して切り身1皿あたり15グラムほどのたんぱく質がとれます。

味噌やしょう油などの塩分だけでなく、砂糖やみりんなどの糖分も含まれます。そのため練習量が多い時などは、焼き魚よりは煮魚の方がおすすめです。

＊煮魚はサバやイワシがおすすめ

煮魚に使われる魚の種類は、銀ダラ、カレイ、金目鯛、サバ、イワシなど、バラエティに富んでいます。タラやカレイなどの白身魚は「高たんぱく・低脂肪」の食材と思いがちですが、**たんぱく質の量だけなら、どの魚を選んでもだいたい同じ**くらいです。**違いは脂質で、それによってエネルギーが倍くらい変わります。**そのため、体脂肪を気にしてエネルギーをおさえているジュニアアスリートは、銀ダラやカレイなどの煮魚を選べば、摂取エネルギーは低くおさえられます。

逆にそれ以外のジュニアアスリートは、サバやイワシなどの煮魚を選びましょう。青魚の煮魚は、トレーニングで必要なエネルギーだけでなく、筋肉や血液などをつくるビタミンB_6やビタミンDなども豊富だからです。

＊缶詰や真空パックは常備しておく

手軽にたんぱく質の補給をするために、**長期保存ができる缶詰や真空パックの煮魚は、常備しておく**ようにしましょう。

私が特におすすめするのは缶詰の魚です。新鮮な魚を真空した状態で加熱するため、EPAやDHAなどの脂質の酸化もおさえられ、保存期間が長くなると低下していくビタミンも、生魚とは違ってそれほど大きく落ちません。さらに骨なども食べられるものが多いため、カルシウムもとれます。ただし、塩分のとりすぎには注意してください。塩分は、汗をかいたり熱中症の予防時には多く必要ですが、それほど発汗がない場合は多くとる意識を持たなくても、みそ汁を飲んだり、普通に食事をしていれば、必要量は簡単にとれています。

アレンジメニュー❶ 煮魚丼

煮魚と納豆、すりごまをよく混ぜ合わせたものを、ごはんと水菜の上にのせるだけです。水菜は細胞をつくる葉酸《ようさん》、骨などに関与するビタミンKやカルシウムも多く含む野菜です。成長期のジュニアアスリートにはおすすめの野菜の1つで、この組み合わせは体強化にもなります。朝ごはんにもぴったりです。

アレンジメニュー❷ 煮魚パスタ

ビタミンの多いニンニクと、ホウレンソウやトマトなどを先に油でさっと炒めます。それにより、脂溶性ビタミンの吸収を上げながら、ニンニクの香りで煮魚の匂いなどが気になるジュニアアスリートにも食べやすい1品になります。パスタは細い方が味がつきやすく、おすすめです。

◀次ページにつづく

アレンジメニュー③

煮魚おにぎり

煮魚おにぎりは、1品でたんぱく質や鉄、カルシウムがとれ、補食にもぴったり。

煮魚は味が濃いので、普段は塩分のとりすぎに注意。逆に夏はとり入れて、熱中症予防に。

column

減量中も必要な栄養素をとることは必須

減量中は、おそらく主食の米や麺類などは食べない、ということをしているジュニアアスリートもいることでしょう。余計なエネルギーをとらないという意識からでしょうが、中には単純に「主食＝糖質は太る」と思っているジュニアアスリートや保護者もいるかもしれません。これは、雑誌やテレビなどのメディア紹介、もしくはテレビコマーシャルでの劇的な変化など、「糖質をおさえる食事法でやせる！」ということからでしょう。ただし、この方法はリバウンドしかねません。

必要な栄養素をしっかりとる、ジュニアアスリートに適した減量を行ってください。

魚のEPAやDHAはジュニアアスリートに必要だよ

JAの勝ちごはん お惣菜アレンジレシピ

煮魚丼

材料

煮魚、納豆、すりごま、
水菜、シソ、米

煮魚おにぎり

材料

煮魚、アサツキ、米

煮魚パスタ

材料

煮魚、ニンニク、トマト、ホウレンソウ、油、パスタ

ジュニアアスリートのための

食品カタログ

日刊スポーツの連載「勝ちごはん」でとり上げた食品を43品紹介。食品に多く含まれる栄養素や吸収のよい組み合わせ、そしてどんな時におすすめかなど、食事での使い方のコツを紹介しています。

勝ち食品〔果物〕 イチゴ

果物の中でも、ビタミンCが豊富。ビタミンCは筋肉や腱、靭帯などを強化します。また、よいコンディションをキープするためにも必要な栄養素。トップアスリートは、毎日1～2パックを必ず食べる選手もいるほど。ただし、まとめて食べるよりも、小分けに食べる方が吸収がよくなります。イチゴはヘタをとらずに洗うことで、ビタミンCの損失が防げます。

勝ち食品〔果物〕 金柑

ビタミンCが豊富です。皮ごと食べられるので、ビタミンPや食物繊維がとれます。血管を強化したり、抗酸化作用が期待できます。

また、意外なところでは、カルシウムやビタミンB1なども含むのです。実は酸も豊富に含まれていますが、甘みが強いため、レモンなどと違って無理なく食べることができます。

勝ち食品〔果物〕 アボカド

森のバターともいわれるアボカド。それくらい脂質が多く、エネルギーも高い果物です。ただし、この脂質は、体内でつくることのできない必須脂肪酸も含まれています。さらにビタミンB群やビタミンEも多いので、練習量が多い時は特にとりたい食品です。

勝ち食品〔果物〕 サクランボ

エネルギーとなる糖質はブドウ糖が多いので、エネルギーになりやすい糖質です。ビタミンの中では、血液をつくる葉酸が多いので、たとえば練習量が多く、特に走り込みが多い練習を行った後には、レバーや牛肉、サバなどのたんぱく質や鉄を多く含む食品とともに、サクランボをメニューに加えることはおすすめです。

勝ち食品〔果物〕 キウイ

1個は約50キロカロリーです。糖質やビタミンC、脂溶性のビタミンE、葉酸など、多くの栄養素がコンパクトにつまっています。

グリーン（緑）とゴールド（黄）があり、糖質やビタミンCを摂取したい場合はゴールドがおすすめ。肉類などのたんぱく質を分解する酵素は、グリーンの方が多いです。

勝ち食品〔果物〕 ブルーベリー

ブルーベリーは、プロアスリートには体の回復などを含めて、毎日でもとるようにすすめている果物の1つ。冷凍のブルーベリーは、アイス代わりに食べているトップアスリートも多いです。普段、アイスがやめられないジュニアアスリートは、冷凍ブルーベリーに切り替えてはどうでしょう。

また、抗酸化作用が高い果物です。

勝ち食品〔果物〕 ブドウ

たくさんの種類があり、色も黒、紫、赤、緑など、さまざまです。ブドウはアントシアニンといって、ポリフェノールを含み、これは皮の部分に多く含まれるので、できれば皮ごと食べたいもの。糖質はブドウ糖が多いので、すばやいエネルギー補給ができます。疲労回復だけでなく、連戦時もおすすめです。

勝ち食品〔野菜〕 アサツキ

ビタミンB^{1}の多い食品と一緒にとることで、ビタミンB^{1}の吸収を高める効果があります。たとえば、冷奴にのせる、冷しゃぶに使うなどするだけで、効果がアップ。葉酸やビタミンKも多いので、暑い時期や練習期におすすめ。

勝ち食品〔果物〕 リンゴ

なるべく皮ごと食べたいのですが、その場合はしっかり洗って食べるようにしましょう。リンゴポリフェノールは、鶏肉のイミダペプチドと一緒にとると、疲労回復がアップします。便秘の予防だけでなく、体脂肪が気になる時なども活用できます。

勝ち食品〔野菜〕 ゴーヤ

プロアスリートの食事調査でも、好き嫌いが大きく分かれる野菜の１つ。苦味があるため、苦手なジュニアアスリートもいることでしょう。ただこの苦味は、食欲増進や血流をよくするなどといわれています。ビタミンCや葉酸、ビタミンKが多いので、血液や骨などを強化したい時は、積極的にとりたい食品です。

勝ち食品〔野菜〕 カボチャ

収穫は夏から秋ごろになりますが、少しおいてからの方がおいしく、秋から冬にかけて甘みが増します。

エネルギーの糖質だけでなく、風邪予防や回復に必要なβカロテンやビタミンC、ビタミＢ群なども含みます。

日本カボチャより西洋カボチャの方が、糖質を多く含んでいます。

勝ち食品〔野菜〕 コマツナ

トップアスリートもよくとり入れている野菜の1つ。脂溶性ビタミン、水溶性ビタミンの両方が豊富に含まれますが、何といってもジュニアアスリートが特に意識したい、カルシウムと鉄が多いのが特徴。コマツナに含まれる鉄は吸収されにくいのですが、ビタミンCも一緒にとることで、その吸収が高まります。乳製品が苦手な選手にもおすすめ。

勝ち食品〔野菜〕 ゴボウ

食物繊維が多い野菜。減量時に起こりやすい、便秘の予防や改善に役立ちます。また、噛みごたえがあるため、満腹感を得ることもできます。そのため、減量時におすすめです。葉酸や銅、マグネシウムなどを多く含むので、鉄を意識している時や、筋肉のはりなどが気になる場合にもおすすめの食品です。

勝ち食品〔野菜〕 スプラウト

スプラウトとは発芽野菜のことで、ブロッコリーやラディッシュ、カイワレ大根などの新芽です。これらには、ビタミンやミネラルといった栄養素だけでなく、フィトケミカルが含まれています。これは抗酸化作用があるので、ジュニアアスリートにはぜひとってほしい野菜です。

スプラウトの種類で栄養価が変わりますが、どの種類も生で食べることがおすすめです。

勝ち食品〔野菜〕 スナップエンドウ

ひとさや5キロカロリー前後ですが、比較的ビタミンCとビタミンKを多く含む野菜です。ビタミンKは脂溶性ビタミンなので、油で炒めることで吸収を高めることができ、牛乳と組み合わせることで、骨の強化にもつながります。

サヤエンドウの一種なので、グリーンピースや豆苗は仲間です。

勝ち食品〔野菜〕 トマト・ミニトマト

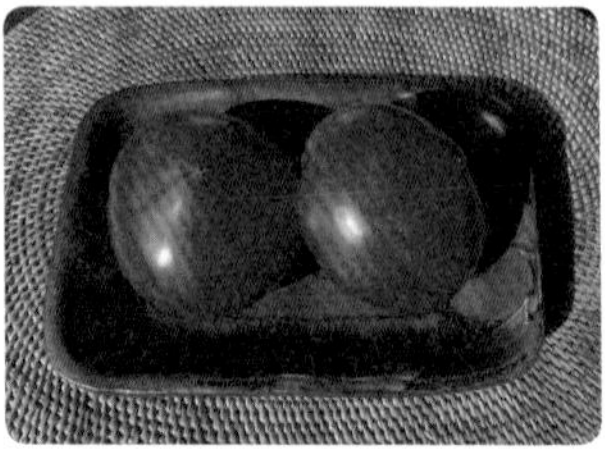

ビタミンCやリコピンなど、スポーツをすることで多く必要となるビタミンが豊富です。大きなトマトとミニトマトを同じ重量で比較した場合、実はミニトマトの方が栄養価が高くなります。そのため、プロアスリートにはミニトマトの方をよくすすめます。

また、いろいろな色がありますが、ジュニアアスリートにおすすめは赤です。

赤色のリコピンは、カロテノイド。これはブルーベリーの紫色と同様に、抗酸化作用がありますが、さらにトマトは抗酸化ビタミンのビタミンAとビタミンC、ビタミンEも豊富。

リコピンをとりたいならば、もちろん赤色の濃いものを選びましょう。

勝ち食品〔野菜〕 菜の花

骨や血液などをつくるのに関与する、ビタミンKや葉酸が多いため、体を強化したい時などの練習期や、成長期のジュニアアスリートにおすすめです。

また、ビタミンCやカロチンが多いので、季節の変わり目の体調不良が気になる場合は積極的にとりましょう。さらに、ビタミンB群やカルシウムなども含まれている、万能食材です。

勝ち食品〔野菜〕 ナス

90%以上が水分です。食感などから「栄養があるの？」と選手からよく聞かれる野菜の１つですが、ポリフェノールが含まれます。

ただし、このポリフェノールは、ナスの皮に含まれます。あの紫色の色素が、ポリフェノールを含んでいるのです。そのため、ナスを食べる時は皮をむかないようにしましょう。

勝ち食品〔野菜〕 春キャベツ

春が旬の春キャベツ。旬のものは栄養価が高いといわれますが、春キャベツは冬キャベツよりもビタミンCやカロチンが多いことが特徴。スポーツをすることで体内に活性酸素が発生しますが、それを除去する効果があるのです。

また、ビタミンKも含まれるため、骨づくりにも◎。骨はカルシウムだけでなく、このビタミンKも必要なのです。

勝ち食品〔野菜〕 パセリ

飾り野菜として見られがちですが、実はビタミンやミネラルなど、ジュニアアスリートに必要な栄養素がぎゅっとつまっています。1回でそれほど多く食べられるものではありませんが、料理に添えてあったら必ず食べたい野菜。カロテンやビタミンC、ビタミンK、カリウム、鉄をはじめ、含まれないビタミンやミネラルがないのも特徴。小分けにして冷凍しておくのがおすすめ。

勝ち食品〔野菜〕 紫キャベツ

紫色は、アントシアニン。抗酸化力が高い野菜です。普通のキャベツよりもビタミンCが多く含まれるのが特徴で、寒い時期の風邪予防にもつながります。さらにビタミンKも多く含みます。普段のせん切りキャベツに少し加えるだけで、栄養価が変わります。時にはとり入れて色でも楽しんで。

勝ち食品〔野菜〕 ピーマン

カロチンとビタミンCが豊富な野菜。体調不良を予防する食材としてもおすすめです。サラダとして食べる場合は、ドレッシングはオイル入りを使いましょう。ちなみにプロアスリートは、オリーブオイルと塩のみで食べたりします。

勝ち食品〔肉〕 砂肝

鶏の胃の部分にあたります。食感はコリコリとしていますが、これは筋肉だからです。鶏は歯がないため、胃の部分ですりつぶして消化するのに、砂肝のような筋肉が必要なのです。たんぱく質やビタミンB12、鉄も含むため、血液づくりにも効果的。肉の中では安価でありながら、栄養素が豊富に含まれるおすすめ食品の１つです。

勝ち食品〔野菜〕 ラディッシュ

大根の仲間で、消化を助ける酵素が含まれます。ジュニアアスリートに特におすすめしたいのが、ラディッシュの葉の部分。捨てる人も多いのですが、葉酸を含み、ビタミン類は、実は赤い部分よりも多く含むのです。大根やカブの葉など、こうした葉は栄養価が高い傾向があります。

勝ち食品〔肉〕 レバー

たんぱく質や鉄をはじめ、ビタミンB群やビタミンAなど、ほとんどの栄養素を、しかも多く含むジュニアアスリートの救世主。困ったらレバーをとりましょう。

ちなみに、豚レバー（写真）がもっとも多く鉄を含み、その量は牛レバーの3倍以上です。

勝ち食品〔肉〕 鶏むね肉

ささみは高たんぱく質低脂肪というイメージがあるかと思いますが、実はささみとむね肉は同じ部位です。体脂肪が気になる場合は、皮をはがすことで30%のエネルギーをカットできるというデータもあります。

イミダペプチドといって、疲労回復に効果のある栄養素も含まれます。

勝ち食品〔魚介〕 魚肉ソーセージ

原材料の重量の50%以上が魚肉であること（JAS規格）から、魚肉ソーセージの半分は魚だと思ってよいでしょう。常温で持ち歩きもできるため、たんぱく質補給に便利な食品です。また、塩分が多いことも特徴です。試合や練習時のパフォーマンスにプラスの影響のあるEPAなどが強化されたものや、添加物を使用しないものなどがあるため、上手に選びたい食品です。

勝ち食品〔魚介〕 アサリ

たんぱく質や鉄だけでなく、ビタミンB12も多く含みます。そのため、赤血球をつくるのに役立ちます。貧血が多いといわれる長距離競技や、女性ジュニアアスリートには特におすすめです。

また、それ以外の競技の選手も、練習量が多い時や疲労感がなかなかとれないなどという場合は、積極的にとり入れるようにするとよいでしょう。

勝ち食品〔魚介〕 ちくわ

常備しておくと便利な食品。ただし、選び方がとても大切。原材料の表示で、魚が最初にくることだけでなく、余計なものが含まれていないかも見るようにしましょう。たんぱく質の手軽な補給源となりますが、中には砂糖やデンプンがたっぷりで、たんぱく質がとりにくいものも…。注意して選びましょう。

勝ち食品〔魚介〕 サンマ

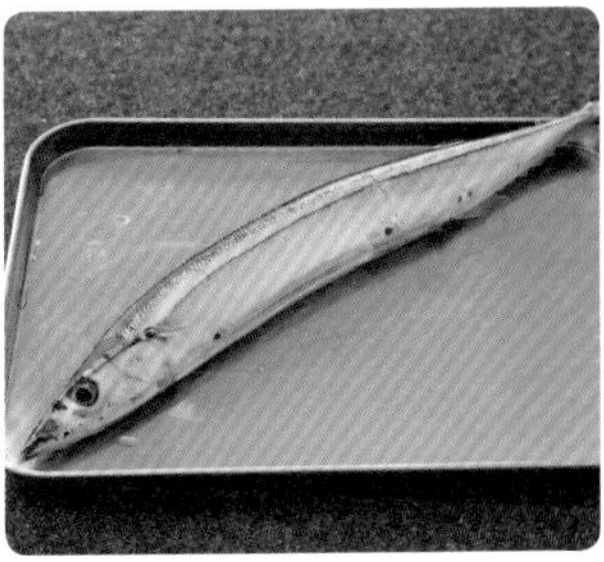

秋が旬。旬のものは栄養価が高いといわれますが、サンマの場合はEPAなどの脂質の量が多くなるため、疲労回復やパフォーマンスアップのためには、頻繁に食べたいもの。さらにビタミンDやビタミン12も多いので、練習期の体づくりに最適。秋は迷ったらサンマ、がおすすめ。

勝ち食品〔豆〕 高野豆腐

高野豆腐とは、豆腐を冷凍してから乾燥させたもの。つまり、原料は大豆です。乾燥などで水分量が少ないため、栄養素がぎゅっとつまった食品なのです。

成長期でもあるジュニアアスリートにとって、たんぱく質とカルシウムは毎日コツコツとりたい栄養素。常温保存ができるので、買い置きしておくと便利です。

勝ち食品〔豆〕 枝豆

筋肉や骨、血液など、体をつくるたんぱく質を含みます。アミノ酸の中でも、メチオニンが多いことも特徴で、肝機能の働きを助けます。肝臓はたんぱく質を合成したりしますが、スポーツをすることでダメージをうけやすいため、練習期はぜひとりたい食品です。さらにビタミンB1を含むので、疲労回復や夏バテ予防にも効果的です。

勝ち食品〔卵〕 卵

完全食品といわれる卵ですが、ビタミンCと食物繊維だけが含まれません。そのため、この２つの栄養素を含むものと組み合わせるのが◎。ビタミンCと食物繊維は、多くの野菜や果物に含まれます。目玉焼きにサラダを添える、卵料理の後に果物を食べるなどでもOK。

勝ち食品〔乳製品〕 チーズ

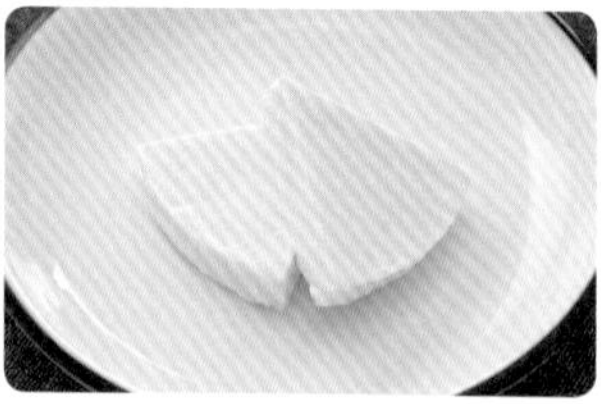

ジュニアアスリートにとって多く必要なたんぱく質やカルシウムが豊富。料理にも使いやすく、また補食としてもとり入れやすいため、よく食べているジュニアアスリートも多いことでしょう。

塩分が多いことを気にするジュニアアスリートもいますが、発汗量が多い時はむしろ塩分は必要です。脂質が気になる場合は、カッテージチーズを選びましょう。

勝ち食品〔海藻〕 もずく

もずくを毎日食べているトップアスリートは多いです。海藻なので低エネルギー品ですが、骨に関与するビタミンKやヨウ素などが多いのが特徴。さらに特有のぬめりは、食物繊維のフコイダン。抗酸化や抗菌作用、胃などにも関与する物質です。

ただし、市販の味つきのもずくは、果糖ぶどう糖液糖などが使われていることが多いので注意。

勝ち食品〔海藻〕 塩こんぶ

食物繊維を多く含みます。腸内環境をよくすることで、コンディション不良を予防することができます。昆布を食べると「うまい！」と感じるのは、グルタミン酸という、うま味成分のおかげ。

塩こんぶは、しょう油などの調味料で味つけをされているものですが、これをそのまま調味料代わりに使うことができ、時短になります。

勝ち食品〔その他〕 クリ

1粒で約30キロカロリーもあります。おもな栄養素は糖質なので、エネルギーになります。ごはんに混ぜればさらにエネルギー補給がしやすいですし、練習量が多い時、食欲がない時などの補食にも最適です。

スーパーなどで甘栗が売っていますが、甘栗を5～10粒ほど食べると、おにぎり1個分と同等のエネルギー。糖質以外には、銅やマンガンなどのミネラルが多くとれます。

勝ち食品〔その他〕 キムチ

塩分が高く、野菜がとれることが特徴。発汗量が多い場合や熱中症の予防におすすめです。また、キムチは必ずニンニクが使われていますが、これはショウガと同じく、ビタミンB_1の吸収に役立ちます。

ただし、市販のキムチは原材料をよく見て選びましょう。果糖ぶどう糖液糖などを使っていない、材料がシンプルなものを。

勝ち食品〔その他〕 **トウモロコシ**

1本150キロカロリーほどで、小さなおにぎり1個分と同じ。炭水化物が多いので、主食代わりにとり入れたりもできます。逆に体脂肪が気になる時はとりすぎないこと。

また、鉄と葉酸が多いため、血液をつくる効果もあります。ただし消化が悪いので、試合前はとり方を工夫して。

勝ち食品〔その他〕 **酒かす、塩麹**

麹を使って発酵させたものを選びましょう。ビタミンB群やアミノ酸が豊富なので、疲労回復や体を強化することにつながります。寒い時期や練習量が多い時は、かす汁がおすすめです。しっかり加熱して、アルコールをとばします。

また、塩麹も肉・魚料理でとり入れると、たんぱく質などが分解され、吸収がよくなります。

勝ち食品〔その他〕 **ライスペーパー**

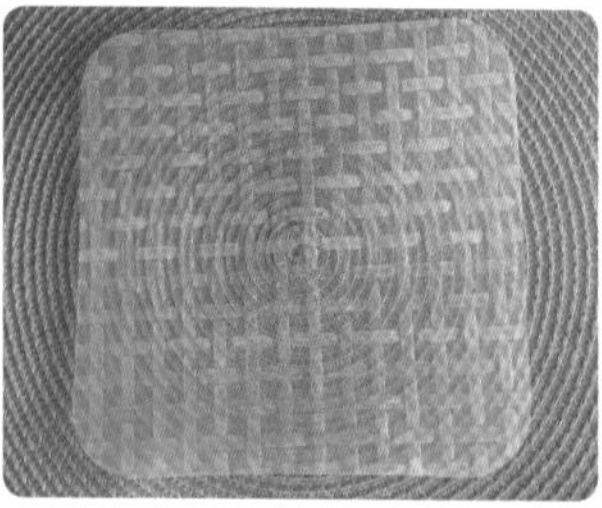

原材料は米。エネルギー補給ができますが、ゆっくりと吸収されるため、体脂肪が気になるアスリートにもおすすめ。何でも包むことができるので、コンパクトで食べやすくなります。ごはんや肉類などを巻いてちょっと変わったおにぎりにしたり、麺類などを包むことで、手でつまんで食べることもできます。

勝ち食品〔その他〕 **ピーナッツ**

ピーナッツは20粒で56キロカロリー。実は、これだけでおにぎり1/3個分のエネルギーがとれます。もちろん、そのうちのほとんどは脂質なので、食べすぎに注意すること。ビタミンEが多いので抗酸化作用が期待できますが、トマトやカボチャなどの野菜と一緒にとることで、その効果が高まります。

ジュニアアスリートを応援する

kachi_gohan

勝ごはん

「勝ごはん」は、日刊スポーツに掲載されている食育連載です。〝簡単に安く、地元の食材で〟をテーマに、２０１５年静岡限定での冊子として発行されました。翌年日刊スポーツ新潟版でスポット連載となり、東京五輪・パラリンピックをひかえ、ジュニアアスリート応援ページとして、17年に首都圏版で本格的な連載がスタート。現在は、毎月第１・第３月曜に掲載されています。執筆は冊子発行当時から管理栄養士・川端理香さんが担当。ジュニアアスリートにとっての基本形やお弁当、筋力や持久力向上などの目的別から、「感染症に勝つ」ための免疫力アップまで、保護者・指導者にも有用な知識とメニューをお届けしています。

※本書籍は日刊スポーツ「勝ちごはん」の記事を再編集、最新情報にしてまとめたものです

日刊スポーツ新聞にて、毎週１ページすべてをジュニアアスリート食「勝ちごはん」ではじまった連載。安価で簡単なレシピや旬の食事、心や視野を広げる方法など、プロアスリートにアドバイスしてきた実践法も紹介しています

●**著者略歴　川端理香**（かわばた りか）

管理栄養士。元日本オリンピック委員会強化スタッフ。
代表チームやJリーグプロサッカー、プロ野球、バレーボール、ゴルフ、テニス、ラグビーなどの多くのプロチームや選手をサポート。著書に『10代スポーツ選手の栄養と食事』（大泉書店）、『カラダの悩みは食べ方で 99%解決する』（ゴルフダイジェスト社）、『筋肉の栄養学　強いからだを作る食事術』（朝日新聞出版）など多数。昭和女子大学非常勤講師。部活やその保護者を対象にした講義や講演、レシピ開発、企業の栄養アドバイザーなどもつとめる。

ホームページ：スポーツ栄養WATSONIA
http://ncwatsonia.wixsite.com/watsonia/

川端理香オフィシャルブログ：Happy Foods
https://ameblo.jp/kawabatarika/

Instagram
@RIKA.KAWABATA

●カバー・本文イラスト／ロータス中野

いますぐ使える
ジュニアアスリートの栄養食事学

2020年 6 月30日　　初版　第1刷発行
2024年 4 月15日　　初版　第5刷発行

著　者　川端理香
装　幀　植竹　裕
発行人　柳澤淳一
編集人　久保田賢二
発行所　株式会社ソーテック社
〒102-0072
東京都千代田区飯田橋4-9-5　スギタビル4F
電話（販売部）03-3262-5320　FAX03-3262-5326
印刷所　図書印刷株式会社

ISBN978-4-8007-3023-7